BREVE HISTORIA DE
ESPAÑA II

El camino hacia la modernidad

BREVE HISTORIA DE
ESPAÑA II

El camino hacia la modernidad

Luis E. Íñigo Fernández

nowtilus

Colección: Breve Historia
www.brevehistoria.com

Título: Breve historia de España II: El camino hacia la modernidad
Autor: © Luis E. Íñigo Fernández
Director de colección: José Luis Ibáñez

Copyright de la presente edición: © 2010 Ediciones Nowtilus, S.L.
Doña Juana I de Castilla 44, 3º C, 28027 Madrid
www.nowtilus.com

Diseño y realización de cubiertas: Nic And Will
Diseño del interior de la colección: JLTV

ISBN-13: 978-84-9763-921-7
Fecha de edición: abril 2010

Printed in Spain
Imprime: Estugraf Impresores S.L.
Depósito legal: M-10235-2010

A Fernando, mi amigo, mi hermano,
a quien no siempre dedico todo el tiempo que merece.

Índice

Introducción

Es probable, querido lector, que llegues a este segundo volumen de la *Breve Historia de España* tras haber leído el primero. Si te han quedado ganas de repetir, es, sin duda, porque te ha resultado lo bastante interesante, ameno, profundo (o cualquier otro de los muchos adjetivos favorables que pueden aplicarse a un libro de historia) para continuar con el segundo, así que espero no decepcionarte y confirmar que, como yo mismo escribía entonces, las segundas partes pueden ser tan buenas o mejores que las primeras. Si no es así, y te acercas a esta *Breve Historia de España* por primera vez, espero que te guste lo suficiente para que acudas a la librería a comprar el volumen anterior. Después de todo, la mejor manera de comprender y disfrutar cualquier historia, incluyendo, por supuesto, la Historia con mayúsculas, es leerla entera.

Si, a pesar de ello, escoges leer antes este segundo volumen de la *Breve Historia de España,* no te preocupes: la obra está concebida como un todo, pero cada uno de sus volúmenes puede también leerse por separado. Quizá te sorprenda, sin embargo, que empiece en el siglo XVIII, y no en 1808, con el comienzo de la guerra de la Independencia, como es habitual en los manuales de Historia Contemporánea de España. La elección no es, sin embargo, casual. Como tendrás, espero, ocasión de comprobar, este libro, y también el anterior, no son una mera narración de hechos, ni siquiera un análisis de procesos —aunque son, también, ambas cosas— sino que poseen un hilo conductor, o, en otras palabras, una tesis.

¿Cuál es esa tesis? Muy sencillo. El libro que tienes entre tus manos parte de la idea de que España no inicia su camino hacia la modernidad a comienzos del siglo XIX, sino del XVIII. La nueva dinastía, la de los Borbones, que accede al trono español a la muerte del último de los Austrias, lidera no solo una reforma en profundidad de las caducas instituciones de la Monarquía hispana, sino una verdadera renovación del proyecto colectivo de los españoles. Sin dejar de ser católica —faltan aún doscientos años para que Manuel Azaña pronuncie su famosa frase, tantas veces sacada de contexto—, España no hará ya de su fe la clave de su identidad, sino que tratará ahora de construirla sobre un firme compromiso con Europa y con la modernidad.

¿Y después? En esencia, el proyecto es el mismo. La España de los ilustrados no es distinta de la España de los liberales del XIX o de los republicanos de 1931. Las diferencias son de grado y de tiempo, no de fondo. La nación con la que sueñan es la misma: un colectivo de ciudadanos libres e iguales ante la ley, unidos por la tarea de llevar a su país al lugar que le corresponde, firmemente comprometido con la Europa a la que pertenece —en modo alguno, como dijera Luis XIV, «África ¡empieza en los Pirineos!»— y con el progreso que la desafía. Los enemigos tampoco han cambiado de nombre; quizá, solo, de apellido. Filósofos rancios en el XVIII, carlistas en el XIX, seguidores de la derecha autoritaria en el XX, todos persiguen idéntico objetivo:

la preservación de la España tradicional, católica en su esencia, aislada de Europa y protegida de lo que consideran perversas amenazas del mundo moderno.

Pero ¿cómo contar esta historia? Ya lo decíamos en el primer volumen: con rigor, pero también con amenidad, porque ambas cualidades deben estar siempre presentes en un buen libro de historia. Rigor para decir la verdad, la que emana de las fuentes, aunque no nos guste —ideología tenemos todos, pero solo el historiador honrado lo reconoce—; amenidad para hacerla comprensible y, por qué no, fácil de leer. No encontrarás, pues, lector, en este libro alarde alguno de erudición, pero tampoco un mero catálogo de anécdotas. Lo que aquí se ha tratado de hacer es narrar los hechos y explicar los procesos, ambas cosas, porque los ladrillos por sí solos no forman un muro, pero sin ellos no puede levantarse muro alguno. Historia, pues, narrativa, porque es la forma más adecuada para un libro como este de finalidad divulgativa, pero también explicativa, porque la historia cuenta, pero no es un cuento; no puede conformarse con contar lo que pasó, sin más, sino que debe explicar también por qué pasó, ya que solo de este modo responderá a su finalidad última como disciplina: desentrañar en el pasado las raíces del presente y ayudarnos a comprendernos mejor a nosotros mismos y al mundo en el que vivimos.

Espero, sinceramente, que este pequeño libro aporte siquiera un átomo de conocimiento a esa labor que, en el fondo, comparten todas las ciencias, porque el saber humano es uno, y solo se parcela, como la tierra, para trabajarlo mejor. Si lo logra, y consigue además hacer pasar un buen rato a quien se acerque a sus páginas, este autor podrá darse por satisfecho.

Luis E. Íñigo Fernández
luis.inigo.fernandez@madrid.org

1

Un siglo de ideales

Hay una transformación de España a lo largo del
siglo XVIII, nada espectacular, difícil de descubrir
y que por eso mismo no ha sido adecuadamente
observada. Por primera vez en su historia, España se convierte en proyecto de sí misma. Quie-
ro decir que lo que España propiamente hace,
sobre todo entre 1714 y 1788, es España, su propia realidad.

Julián Marías.
España inteligible, 1984.

EL SIGLO DE LOS PROYECTOS

El siglo XVIII es el siglo de los proyectos. No es
que antes no tuviera España proyecto histórico; lo tenía,
incluso antes que las otras naciones europeas. Pero
había equivocado los límites. Se había comprometido en
demasía con la defensa del catolicismo, y ese compromiso había perjudicado a la misma construcción nacional, creando enemigos dentro de la propia España —ju-
díos, musulmanes, conversos— y cargándola con un
peso superior a sus fuerzas, el de servir a la Iglesia de
paladín universal. Como consecuencia de ello, España
pierde la primacía en Europa y, menos lucrativa que
antes la participación en el proyecto común de la
Monarquía, se interrumpe la forja de la nación. Ambas
realidades cambiarán, y mucho, a lo largo del siglo XVIII.

Cambia, en primer lugar, el proyecto colectivo. España no deja de ser católica, pero no hace del catolicismo la razón de su existencia. Intelectuales y gobernantes fijan su objetivo en el reencuentro con Europa y con la modernidad, y, mientras, tratan de *hacer a España*, culminar el proceso, interrumpido por la gran crisis del seiscientos, de su construcción como Estado y como nación.

Como es lógico, en un proceso que duró todo un siglo, hubo impulsos y recaídas, avances y retrocesos. Podemos incluso hablar de etapas a través de las cuales se desenvuelve el proyecto nacional. El reinado de Felipe V, de 1700 a 1746 —el reinado de Luis I entre enero y agosto de 1724 fue un mero paréntesis sin importancia histórica— es la época de los *novadores*, ancestros de los ilustrados y herederos de los arbitristas de los siglos XVI y XVII, que se limitan a teorizar sobre los males del país y sus posibles soluciones, pero ahora desde posiciones nuevas, atentas a la filosofía europea del momento. Benito Jerónimo Feijoo, en su *Gloria de España,* y Nicolás Belando, autor de una *Historia civil de España,* trazan ya la idea de una nación de ciudadanos, sin referencia alguna a la religión, pero capaz de superar sus particularismos, de fundir *los reinos* en *el reino, las Españas* en *España*. Es el sustrato ideológico de la Nueva Planta, matriz del nuevo Estado forjado por los ministros de Felipe V. Pero, al poco, surgen dudas. Ya en el trono Fernando VI (1746-1759), pensadores como el jurista y filólogo valenciano Gregorio Mayans reclaman la resurrección de los reinos, de sus fueros y sus Cortes, el regreso de la constitución de los Austrias, la *España horizontal,* la *nación de naciones*. No es el reinado de Fernando un retroceso, ni esta la corriente dominante, pero tampoco llega a desaparecer nunca del todo. Sobrevive y llega, siempre débil, pero siempre viva, hasta las Cortes de Cádiz, donde aún se alzará Antonio de Capmany pidiendo para Cataluña, de

Felipe V, por Hyacinthe Rigaud. El primer Borbón español fue un monarca mentalmente perturbado y abúlico que vivió siempre sometido a sus esposas, María Luisa de Saboya, primero, e Isabel de Farnesio, después. Sin embargo, la acción decidida de algunos de sus ministros, en especial el milanés José Patiño, permitieron que el país se recuperase en parte de la postración con la que había iniciado el siglo.

la que era representante en la Cámara, la devolución de sus fueros.

Pero antes, bajo Carlos III (1759-1788), ministros como Pedro Rodríguez, conde de Campomanes, José Moñino, conde de Floridablanca, Gaspar Melchor de Jovellanos o el conde de Aranda abordarán con energía el proyecto de nacionalización del Estado. Reciben atención los símbolos. Ven la luz el himno y la bandera nacional. Las academias, fundadas décadas antes, se entregan a la tarea de fijar los cánones de una cultura nacional, definiendo la lengua que el pueblo debía hablar y cómo debía hacerlo, desenterrando las raíces del pasado común, y haciendo del arte el instrumento de su difusión. Las historias de la literatura rastrean la originalidad del alma hispana en cuanto se ha publicado en los siglos precedentes; sus clásicos se reimprimen una y otra vez; el teatro siembra patriotismo escogiendo temas y protagonistas en la historia de España, desde Ataúlfo a Guzmán el Bueno, desde Numancia a Pelayo. Se siembra entre los españoles una historia que olvida las diferencias y exalta lo compartido, que une en lugar de dividir.

Hay, pues, un verdadero nacionalismo español en estas últimas décadas del XVIII. Lo hay porque existe un deseo consciente de *hacer españoles,* de unir a los viejos reinos en una única comunidad cívica atada con los sólidos lazos del amor patrio. Pero es un nacionalismo que no habla de raza, lengua y cultura, sino de amor a las leyes y felicidad común. Y tiene éxito. Nunca ha estado España más unida antes. Barcelona vitorea a los mismos Borbones contra los que unas décadas atrás se había levantado. Rechazó al conde-duque de Olivares porque le ofrecía compartir la miseria; acepta ahora porque se le abren las puertas de la prosperidad. Las viejas heridas se han cerrado.

Los primeros pasos

Antes habrán de superarse algunos obstáculos. Recién llegado, Felipe V no se aparta de la tradición. Toma posesión del trono; jura los Fueros de sus reinos, y aviene voluntades con prebendas y mercedes. Pero, desde Francia, su abuelo no se resigna. Le trata como a un títere; le espía; proclama sus derechos al trono francés; interviene en sus Indias. La amenaza de la hegemonía borbónica, nunca olvidada, renace. Ingleses y holandeses, que habían aceptado a regañadientes el testamento de Carlos II, se alarman. El emperador Leopoldo I, esperanzado, sugiere de nuevo que debe ser rey su hijo, el archiduque Carlos. Se le unen Gran Bretaña, Holanda y Portugal; el Rey Sol apoya a su nieto. La guerra se enciende de nuevo en Europa.

Más de una vez parece Felipe a punto de perder el trono. Pero el azar, caprichoso, se alía con él. El archiduque, muerto su hermano José I, heredaba las posesiones austríacas. Darle también España era resucitar a Carlos V. Inglaterra, amante del equilibrio continental, no lo acepta. Se impone la negociación. En Utrecht (1713)

Luis XIV, conocido como el Rey Sol, retratado
por Hyacinthe Rigaud en 1701.

El Tratado de Utrecht, firmado el 11 de abril de 1713, supuso para España la pérdida de todos los territorios europeos extrapeninsulares agregados a la Corona española en los siglos anteriores. Esto no era necesariamente malo, ya que algunos de ellos, como los Países Bajos o las posesiones italianas, suponían más un lastre que un beneficio. Sin embargo, se veía también obligada a renunciar a Gibraltar, enclave de gran valor estratégico, y Menorca, y, lo que era mucho más grave, sufría una intensa pérdida de poder a favor de Gran Bretaña, cuyas ventajas comerciales y coloniales, el navío de permiso y el asiento de negros, habría de padecer a lo largo del siglo.

Felipe V es reconocido como rey legítimo de España y las Indias, pero ha de renunciar a sus posesiones europeas, que se reparten entre sus enemigos. Austria se queda con los Países Bajos meridionales, Milán, Nápoles y Cerdeña, que luego cambia con Saboya, un aliado menor, por la cercana Sicilia. Gran Bretaña obtiene Gibraltar y Menorca, y las puertas de las Indias españolas se abren para ella con la concesión del *asiento de negros,* monopolio de la venta de esclavos africanos en América, y el *navío de permiso,* buque con quinientas toneladas de mercancías que podrá enviar allí cada año. Portugal, que ha afirmado su alianza con los ingleses, avanza a costa de España la frontera de su imperio, apropiándose de Sacramento, un pequeño territorio al este del Río de la Plata.

Pero la guerra de Sucesión ha sido además una contienda civil. ¿Una guerra de Aragón contra Castilla? En apariencia, así es. En 1705, Valencia y Cataluña proclaman su apoyo a los derechos del archiduque. Luego se les suman Zaragoza y Mallorca. Pero la fractura no es unánime. El pueblo muestra poco entusiasmo; la nobleza está dividida; la Iglesia también. Franciscanos y dominicos apoyan al Habsburgo; los jesuitas al Borbón. No hay, además, afán secesionista en Aragón, ni defensa de unos fueros que nadie había amenazado. Hay, eso sí, memoria histórica. Cataluña recela de Francia, patria de la nueva dinastía. La maltrató en 1640, cuando puso su confianza en ella; le arrebató después el Rosellón y la Cerdaña, en 1659, y compite ahora con sus comerciantes. Valencia tiene otros motivos. Aún sin apagar los rescoldos de las revueltas antinobiliarias de 1693, los campesinos, hartos de sufrir los continuos abusos de los señores, aprovechan la guerra para rebelarse una vez más contra la aristocracia opresora, leal en su mayoría a los Borbones. De todos los aragoneses, eran los catalanes quienes más se jugaban; por ello fueron los últimos en

Retrato de Felipe V, por Jean Ranc (c. 1723).
En Utrecht (1713) Felipe V es reconocido como rey legítimo
de España y las Indias, pero ha de renunciar a
sus posesiones europeas, que se reparten entre sus enemigos.

renunciar. Sus dirigentes lucharon por sus negocios, por los fueros que los protegían, cuyo destino quedó claro desde que vieron cómo trataba Felipe a los valencianos, los primeros en caer. Abandonados por todos, hubieron de rendirse, pero no lo hicieron hasta el 11 de septiembre de 1715.

La victoria de Felipe dio a sus ministros la ocasión de poner en marcha el proyecto de unificación y modernización de España. Aragón se había rebelado contra su señor legítimo; castigarlo privándole de sus fueros constituía un derecho del rey. Por ello, los Decretos de Nueva Planta eliminan, en mayor o menor grado, las leyes tradicionales de cada reino y los someten, también en distintos niveles, a un nuevo patrón político y administrativo híbrido del castellano y el francés. Subsisten diferencias. Navarra y el País Vasco conservan sus fueros; Cataluña y Aragón, su Derecho civil, y no se impone una moneda única. Se trata de superar el viejo sistema de unión de reinos, que había probado su ineficacia. No se pretende borrar lo distinto, sino hacer que lo distinto no se convierta en obstáculo para la eficacia del Estado; se busca la unidad más que la uniformidad.

Así se explican todos los cambios. Se escoge como lengua de la Administración el castellano, la más extendida. Las Cortes de los viejos reinos se integran con las de Castilla para dar lugar a las nuevas Cortes españolas, formadas por los representantes de treinta y seis ciudades de todo el país. Los municipios se pliegan por completo al poder del rey, que nombra sus corporaciones y les envía corregidores que aseguren su lealtad y buen gobierno. Se importa de Francia la figura del intendente, representante del monarca en la provincia y corregidor de su capital, verdadero eslabón político entre el poder central y el local, con competencias sobre Hacienda, Justicia y Administración Militar y Civil. Los virreyes, de evidente connotación federal, dejan paso, en las provincias más grandes, a los capitanes generales, aunque sus funciones no varíen en exceso. Y, en fin, las audiencias, que imparten justicia en Castilla, se extienden también a Aragón.

Idéntica eficacia se persigue con la reforma del Gobierno central de la Monarquía. Los consejos dejan paso a instituciones más ágiles. Los regionales desaparecen; otros, como el de Estado o el de Indias, pierden contenido; el de Castilla se va transformando en una suerte de Ministerio del Interior. Junto al rey surgen cinco *secretarios de Estado y del despacho* con funciones concretas: Estado, Guerra, Marina e Indias, Justicia, Hacienda. No forman todavía un gabinete, pero, forzados a colaborar, darán los primeros pasos hacia ese destino. La aristocracia, que había regresado al poder bajo Carlos II, ha de renunciar a su monopolio. Triunfan de nuevo los hidalgos leales al rey, entregados, sin espíritu de casta, al servicio del Estado, hombres como José Patiño, José de Grimaldo, José del Campillo, Zenón de Somodevilla, marqués de la Ensenada, o Pedro Rodríguez de Campomanes, formados en la Universidad, que han ido escalando puestos y atesorando experiencia hasta convertirse en verdaderos funcionarios.

No bastaba con esto. Un Estado necesita también dinero y hombres. Pero en este campo los deseos fueron más allá de las realidades. La oportunidad que ofrecía la guerra no se aprovechó. La estructura de la Hacienda no se alteró. La salida fueron, de nuevo, los recursos extraordinarios, el descuento en el interés de los juros y préstamos, los donativos obligatorios, el *valimiento* o apropiación temporal por la Corona de las rentas de los realengos* enajenados. Acabada la contienda, se exploraron vías más audaces. La Corona puso en venta los baldíos, malas tierras de titularidad real que los municipios dedicaban por lo general a pastos para el ganado. Pero su extrema pobreza permitió obtener de ellas escasos beneficios. Tan solo un millón de ducados, que devolvería Fernando VI. Más arriesgada fue la introducción de una suerte de impuesto sobre la renta que gravaba con un 10 % los ingresos y haberes de toda índole. Pero, moderno en su concepción, no pudo serlo en su aplicación, pues no había todavía medios para reunir la ingente información que requería. A la postre, los municipios lo pagaron al modo tradicional, convertido en una cantidad fija cuya carga se repartía entre los vecinos. Así y todo, supuso un incremento de los ingresos de la Corona y la aceptación de un postulado fundamental: el derecho real a imponer tributos a todos sus estados.

No de menor importancia era este principio en el terreno militar: la prerrogativa regia de nutrir sus ejércitos con naturales de cada lugar. En la centuria anterior, los reinos de Aragón se habían negado una y otra vez a aportar tropas destinadas a servir más allá de sus fronteras, lo que había limitado poderosamente el potencial bélico de la Monarquía católica. Los ministros de Felipe V tendrán como objetivo la organización de un Ejército nacional integrado por reclutas de todo el país. Cada municipio aportaría un soldado por cada cien vecinos, que había de tener entre dieciocho y treinta años y permanecer en filas un trienio. Los viejos tercios dejaron paso al regimiento, según el modelo francés. Pero la práctica quedó una vez más a alguna distancia de la teoría. Navarros y vascos, amparados por sus fueros, permanecieron fuera del sistema. Los aragoneses, molestos, cubrieron sus cuotas con pícaros y mendigos. Los efectivos nunca superaron los cien mil hombres, y la oficialidad, aunque cada vez más profesional, quedó en manos de la nobleza. Pero al menos vio la luz, con notables limitaciones, un Ejército nacional.

Mayor éxito alcanzó la reforma de la Armada. España, como potencia colonial, dependía por completo del control de los mares para asegurar las comunicaciones con América. Su antiguo poderío naval se había desvanecido. Durante la guerra, Felipe se había visto obligado a recurrir a los barcos de su abuelo para asegurar la llegada de la plata de las Indias. El renacimiento del poder español exigía el de su flota de guerra, y a ello se entregaron sus ministros. El empeño de José Patiño, uno de los secretarios más enérgicos del rey, permitió una notable recuperación mediado el siglo. Bajo su impulso, ven la luz modernos astilleros en El Ferrol, Cartagena, Cádiz, La Habana y Manila; crecen y se organizan las industrias necesarias para alimentarlos; se importan nuevas técnicas, y se forma con más ahínco a los marinos. En unas décadas, España sería de nuevo una gran potencia naval.

Faltaba algo más para redondear las reformas. Los fueros regionales no eran los únicos que se resistían a la voluntad del monarca. Aún más poderosa era la Iglesia, dueña de tierras y rentas, señora de conciencias y de vasallos, servidora de un poder extranjero, a la vez espiritual y temporal. Someter este poder, dejando a salvo el dogma y la liturgia, no era un deseo nuevo. Los Austrias habían abierto el camino; los Borbones transitarán por él tan lejos como se podía llegar sin provocar una ruptura completa. Su regalismo será negociado, pero cada vez más exigente. Buscará con ahínco el *Patronato Universal** y la manera de aumentar la participación del Estado en los ingresos de la Iglesia. El Concordato* de 1737 sella el acuerdo. El monarca alcanza el derecho a proveer cargos y a apropiarse las rentas de las sedes vacantes; las propiedades eclesiásticas no estarán ya libres de impuestos. Es, tan solo, el primer paso.

¿Quedó, entre tanto cambio, algún tiempo a los ministros para hacer más llevadera la vida de los humildes? Hubo mejoras, pero no se veía en ellas un fin en sí mismas, sino una condición del fortalecimiento del Estado, que era su prioridad. Por ello eliminaron los obstáculos al libre comercio, sentando las bases del futuro mercado nacional; protegieron las enclenques manufacturas, imponiendo aranceles a sus competidoras y construyendo fábricas reales dedicadas a la producción de artículos de lujo, y fundaron compañías comerciales, otorgándoles privilegios para negociar en las Indias. Pero tales medidas no constituían un plan global de modernización del país, y las causas del mal —el desigual reparto de la tierra, el privilegio, la separación entre el Estado y los intereses de sus súbditos— ni se abordaron. Hubo crecimiento, no desarrollo; se enriqueció la periferia, no el centro; engordaron sus rentas la nobleza y el clero, incluso la incipiente burguesía, no los campesinos ni los artesanos. Todo siguió, en fin, como estaba.

El balance del reinado ha de ser, con todo, positivo. El retraso acumulado frente a las demás grandes potencias de Europa occidental era excesivo y no se compensó por completo. Pero *las Españas* comenzaron a ser *España*, una entidad política unificada. Lo logrado no era poco para un monarca abúlico, retraído y tímido que, consciente de sus limitaciones, esperaba con ansia la mayoría de edad de su primogénito para cederle el trono. Luis I recibió la corona cuando contaba tan solo dieciséis años, en enero de 1724. Pero apenas la conservó siete meses, pues en seguida moría de viruela, obligando a su padre a ceñirla de nuevo, por no tener Fernando, su segundo hijo, edad suficiente para reinar. Hubo de esperar el melancólico Felipe V, otra vez rey a su pesar, veintidós años más, hasta 1746, para liberarse a un tiempo del trono y de la vida.

Un reinado de transición

Fernando VI, que reinó apenas trece años, hasta 1759, no era más resuelto ni equilibrado que su padre, pero tuvo más suerte que él. La coyuntura internacional, inclinada a la paz, le permitió contar con recursos más abundantes para proseguir las reformas. Su esposa, la portuguesa Bárbara de Braganza, no se valió, como hiciera su madre, Isabel de Farnesio, de su ascendiente sobre el rey para lanzar al país a ruinosas aventuras exteriores. Y los ministros que lo rodearon fueron, en fin, idóneos para trabajar por la modernización de España.

Entre ellos destacaron dos hombres de sensibilidades bien distintas, aunque unidas en el común afán de progreso de la nación: Zenón de Somodevilla, marqués de la Ensenada, y José de Carvajal. El primero simpatizaba con Francia, se inclinaba por las soluciones de fuerza y concedía prioridad al comercio colonial. El segundo se mostraba proclive a los británicos, prefería la diplomacia, y apostaba por la promoción de la industria nacional. De la mano de ambos, enfrentados a veces, de común acuerdo otras, los intereses españoles ganaron al fin la batalla sobre las ambiciones dinásticas. La paz se impuso; las reformas buscaron ir más allá del fortalecimiento del Estado para hacer de él un impulsor del progreso; las consideraciones a largo plazo se impusieron sobre las exigencias inmediatas, y, por primera vez, la prosperidad pareció al alcance de la mano.

Los Gobiernos fernandinos se entregaron a la labor de dar a España un Ejército respetable y una potente Armada, capaz de defender las Indias y garantizar las remesas de plata que constituían el nervio de la Hacienda. Trataron, sin mucho éxito, de aumentar los ingresos, eliminando privilegios y simplificando los mecanismos recaudatorios. Sustituyeron por una

Zenón de Somodevilla, marqués de la Ensenada, por Jacobo
Amiconi, Museo del Prado, Madrid. Verdadero árbitro de la
política española desde 1743, impulsó una ambiciosa
política de reformas administrativas orientadas al
sometimiento de la Iglesia y el fortalecimiento de la
Hacienda, el Ejército, la Armada y el comercio con las
Indias, con el fin de devolver a España su posición en el
concierto internacional. Su actitud contraria a los intereses
británicos y sus buenas relaciones con los jesuitas
le acarrearon la destitución en 1754.

contribución única la pléyade de tributos heredados de los Austrias y arrebataron su cobro a los arrendatarios privados. Ahondaron en el regalismo filipino, negociando en 1753 con la Santa Sede un nuevo Concordato que reconocía a los reyes de España el ansiado Patronato Universal y, como ya decíamos más arriba, ponía en sus manos, bien que no de forma directa, la inmensa riqueza de la Iglesia. El cargo de intendente, que, pese a su corta andadura, había caído ya en la esterilidad, fue restablecido en la plenitud de sus funciones, a las que se añadió ahora la misión de fomentar el desarrollo económico de su provincia y recabar datos sobre ella para el Gobierno central. El comercio de Indias fue reorganizado sobre bases más realistas. El sistema de flotas, cada vez más inoperante, dejó paso al más ágil y eficaz de los navíos de registro*. El Estado, cansado de ejercer tan solo de policía y recaudador, asumió un papel más activo, adquiriendo en Europa mercaderías que luego vendía en las Indias, multiplicando así los réditos del Gobierno en el comercio colonial. Con todo ello, los gabinetes fernandinos pudieron legar a sus sucesores unas finanzas tan saneadas como nunca conocieran los soberanos españoles.

La aristocracia, cada vez más amenazada, encabezó protestas, planteó obstáculos, y, al fin, dio la batalla en la Corte. Muerto Carvajal en 1754, concertados los grandes con los intereses británicos, que recelaban del creciente poder naval español, lograron la caída de Ensenada. Ricardo Wall, marioneta de los aristócratas, se dispuso a frenar las reformas. La contribución única, que había exigido un enorme trabajo estadístico, el llamado Catastro de Ensenada, un censo de personas, propiedades e ingresos de los hogares castellanos, no pasó del papel. El Real Giro, embrión de banco central a imitación del de Inglaterra, concebido por el marqués para liberar a España de la tiranía de los banqueros extranjeros, fue desmantelado, y con él la actividad empresarial del Estado. El programa de rearme naval, tan peligroso para los británicos, se detuvo en seco, y las viejas flotas de galeones volvieron al virreinato de Nueva España. Algunas voces reclaman incluso el retorno de los fueros, la resurrección de los reinos, el regreso de *las Españas*. Pero un nuevo rey y unos nuevos ministros recogerán el guante y elevarán mucho más alto el listón de la modernización del país.

REFORMAS Y CONTRADICCIONES

El nuevo monarca fue Carlos III, duque de Parma durante cuatro años y rey de las Dos Sicilias durante otros veinticinco, que accedió al trono en 1759, al morir sin hijos su hermano Fernando. Con 53 años de edad, era un monarca experimentado y maduro. Y aunque la caza le seducía más que el gobierno, tuvo al menos el sentido suficiente para escoger a sus ministros por su capacidad y su sintonía con las ideas de su tiempo.

Y los tiempos habían cambiado. Por toda Europa se extendía ya el culto a la razón, y algunos monarcas entendían al fin que su deber no era tan solo engrandecer sus reinos, sino ganar la felicidad de sus súbditos. Déspotas ilustrados, emprendieron reformas que, dejando a salvo prerrogativas reales y privilegios sociales, quisieron llevar a sus Estados por la senda de la modernidad. Tal era el deseo de Carlos y sus colaboradores. Cosa bien distinta era convertirlo en realidad.

Es forzoso reconocer que faltaron a los ministros carolinos constancia y coherencia. Al principio, la reforma es más enérgica. Pero solo fueron siete años, un septenio de apasionados intentos de modernización protagonizados por ministros italianos como los marqueses de Esquilache y de Grimaldi, auxiliados por españoles voluntariosos como José Rodríguez de

Retrato de Carlos III realizado por Goya.
Con 53 años de edad, fue un monarca experimentado
y maduro. Y aunque la caza le seducía más que el gobierno,
tuvo al menos el sentido suficiente para escoger a
sus ministros por su capacidad y su sintonía
con las ideas de su tiempo.

Campomanes. Luego, tras la violenta sorpresa de los motines de 1766, de los que luego hablaremos, las prioridades se replantearon y los esfuerzos tornaron a terrenos menos comprometidos. La reforma social fue abandonada; no volvió a molestarse a los nobles; interesó tan solo modernizar la Administración, consolidar la apariencia de gran potencia que España, aliada a Francia, había conquistado en aquel tiempo. Y los protagonistas fueron otra vez españoles, como Floridablanca o el mismo Campomanes, la mayoría —con la excepción de Aranda, aristócrata singular entre los de su clase— letrados salidos de la pequeña nobleza, buenos conocedores de los entresijos de la Administración. Hombres enérgicos y decididos, resultaron, empero, incapaces de percibir la contradicción fundamental sobre la que se asentaba su programa de gobierno. Modernizar el país sin atacar al Antiguo Régimen* no era sino engalanar un edificio con los cimientos podridos. Por ello, durante unos años, mientras responde la economía, España parece fuerte. Luego, moribundo ya el siglo, deslumbrada Europa por la Revolución francesa, las guerras que provoca, entre 1791 y 1815, someten a las viejas estructuras a exigencias que evidencian su incapacidad para hacer frente a los retos de los nuevos tiempos. La contradicción se revela entonces en toda su magnitud, y aquellos hombres han de escoger, al fin, entre reacción o revolución, absolutismo o liberalismo, dilema irresoluble de una política imposible que modernizó el país y pareció culminar su gestación nacional, pero no lo bastante para conducirlo sin traumas hacia la modernidad.

¿Pero por qué fue tan letal el influjo del llamado Motín de Esquilache sobre el programa de reformas de los ilustrados? En 1766, el pueblo madrileño, como el de otros lugares de la península, se levantó impelido por los altos precios del pan en un año de malas cosechas. La disposición del ministro italiano, prohibiendo las capas largas y los sombreros de ala ancha, no fue el disparador, sino el pretexto que usaron para azuzar al pueblo los interesados en derribar al odiado Gobierno reformista. Su objetivo no era otro que detener los cambios; su identidad no está tan clara, pero hay que sospechar de quienes podían ver sus intereses amenazados por las reformas: el clero, irritado por el Concordato de 1753, asustado ante las pretensiones de Campomanes de iniciar la desamortización de sus tierras; y la nobleza, resentida por su apartamiento del poder, irritada con un ministro que se decía dispuesto a iniciar la recuperación de señoríos para la Corona. Los nobles, por su mentalidad y su actitud en los reinados anteriores, eran el sospechoso más plausible. Pero el Gobierno prefirió culpar al otro.

Culpar a la nobleza, de algún modo, equivalía a volverse contra la esencia misma del Estado. Atacar a la Iglesia, paradigma de la reacción, satisfacía en su fuero interno a los ilustrados. Además, en su seno se hallaba la víctima propiciatoria ideal: los jesuitas. Ni siquiera los obispos moverían un dedo en su defensa. Las otras órdenes los envidiaban por su monopolio del cargo de confesor real y de los nombramientos eclesiásticos, y recelaban de su laxitud moral. La Corona desconfiaba de una orden que añadía a los tres votos tradicionales un cuarto voto especial de obediencia al papa, soberano de un Estado extranjero. Además, había precedentes. Los jesuitas habían sido ya expulsados de Portugal y de Francia. Con todo en contra, lo fueron también de España por un decreto fechado el 27 de febrero de 1767.

¿Eran tan peligrosas para los estamentos privilegiados las reformas emprendidas por los ministros carolinos? En algún momento antes de 1766, así lo pareció. En 1763, se frenaron los desahucios en los arrendamientos a corto plazo. Dos años después, Campomanes publicaba el *Tratado de la regalía de amorti-*

zación, en el que, tras criticar los arrendamientos a corto plazo, la tasa del trigo, los privilegios de la Mesta y las manos muertas*, exigía la intervención del Estado para redistribuir la tierra en favor del labriego emprendedor. Ese mismo año, una ordenanza implantaba el libre comercio de granos, suprimiendo la tasa o precio máximo del trigo. En 1766 comenzaron a distribuirse tierras de los municipios entre los campesinos necesitados, e incluso se introdujeron en los ayuntamientos *diputados y síndicos del común* elegidos por sufragio casi universal, con el fin de combatir el poder de la nobleza, previsible opositora a la medida, en las corporaciones locales. La recuperación de las tierras de realengo prosiguió y una cierta amenaza pareció planear sobre los señoríos. En ningún momento se trazó un verdadero plan para arrebatar sus tierras a los privilegiados. Pero lo poco que se hizo fue bastante para movilizar a una nobleza que no estaba dispuesta a ceder un ápice. La Corona dio marcha atrás y canalizó sus energías por caminos menos comprometidos. Así, desde 1767, la pobre comarca jienense de Sierra Morena fue elevada a la categoría de laboratorio agrícola nacional bajo la dirección de Olavide. Colonos traídos de Europa habitaron pueblos de nuevo cuño y pusieron en cultivo terrenos yermos. Los rendimientos crecieron, pero ahí se quedó todo. En el resto del país, las cosas siguieron como estaban. Los campesinos trabajaban; la nobleza y el clero se apropiaban del excedente, y quien quería introducir mejoras carecía de fondos y de seguridad.

La industria no recibió mayor atención. El Estado protegía las ineficaces manufacturas reales*; impulsaba la obra de las Sociedades Económicas y traía de Europa técnicos y tecnología. Para los ministros, el problema residía en la mentalidad rentista dominante. Para combatirla, un decreto de 1783 declaraba honorables los oficios manuales y trataba de impulsar su ejercicio asegurando, en una notable contradicción, la hidalguía para quienes destacaran en su práctica. Pero los ministros carolinos persiguieron mucho más la ociosidad entre los humildes que entre los privilegiados. La ley se ensañó con los vagos, forzados a ingresar en las Fuerzas Armadas o condenados a trabajar para el Estado.

Ya no se trataba, en fin, de cambiar la sociedad, sino de obtener de ella recursos para incrementar el poder del Estado, y utilizar ese poder, debidamente transformado en ejércitos y armadas, como instrumento de la política exterior. A estos objetivos se entregó con energía el que había de convertirse en ministro principal de Carlos III, el conde de Floridablanca. La Administración evolucionó. Los secretarios de Estado, colocados bajo la dirección del favorito, se convirtieron en un verdadero Consejo de Ministros. El Ejército fue reformado a imitación del prusiano, tenido entonces por el más eficaz del mundo. Y la Armada, garante de las comunicaciones con las Indias, creció hasta convertirse en la segunda del océano, solo por detrás de la inglesa.

La política colonial, en especial, sufrió un cambio drástico. Las Indias siempre habían sido gobernadas en virtud de un pacto tácito, una suerte de constitución no escrita que descansaba, como vimos, sobre el consenso entre la Administración, la Iglesia y las élites criollas. Sin embargo, a partir de las últimas décadas del siglo XVII, el equilibrio entre la voluntad del Gobierno central y los intereses criollos había empezado a inclinarse en exceso a favor de estos últimos. América, en pocas palabras, estaba escapando del control efectivo de la Corona como resultado de la fuerte penetración de las élites locales en todos los niveles de la administración de los virreinatos, que se ejercía cada vez más pensando en exclusiva en sus propios intereses de clase dominante.

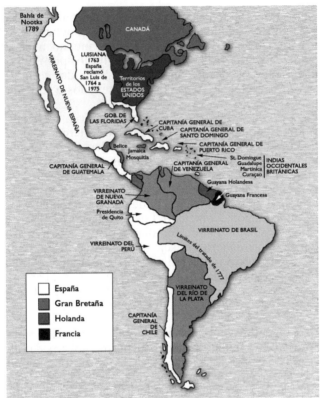

América en 1784. A pesar de la dureza de las cláusulas del
Tratado de Utrecht, España continuaba siendo, gracias a sus
territorios americanos, la mayor potencia colonial del
mundo. Es por ello por lo que los ministros carolinos,
siempre con la vista puesta en el fortalecimiento exterior de
la Monarquía, trataron de incrementar al máximo
los recursos que la Hacienda obtenía de las Indias.
Sin embargo, las nuevas medidas, que hicieron mucho más
eficaz la administración virreinal, chocaban frontalmente
con los intereses de los criollos, que terminarían por adoptar
posiciones favorables a la independencia.

Como reacción, y preocupados sobre todo por la sangría de recursos que la nueva situación suponía para el Estado que deseaban reforzar, los ministros carolinos no se conformaron con restaurar el equilibrio perdido, sino que comenzaron a gobernar las Indias desde presupuestos completamente nuevos. A partir de este momento, los virreinatos dejarían de ser tratados en pie de igualdad con las provincias que conformaban la Monarquía al otro lado del Atlántico. Bien al contrario, se transformarían, en lo jurídico y en lo económico, en simples colonias administradas por peninsulares, en beneficio exclusivo de la economía peninsular y la hacienda de la Corona, en el seno de un monopolio comercial abierto, eso sí, a cuantos puertos y navíos españoles quisieran integrarse en él, sin concesión alguna a la participación en el poder de los criollos ni consideración hacia sus intereses económicos. Se crearon nuevas demarcaciones administrativas, el virreinato del Río de la Plata en 1776, la capitanía general de Venezuela en 1777 y la de Chile en 1778; los viejos corregidores fueron sustituidos por intendentes, siguiendo el modelo peninsular; los funcionarios comenzaron a cobrar un salario de las arcas públicas, en lugar de recibir sus emolumentos a partir de una cuota sufragada por los vecinos, y, en general, se abrió paso una nueva Administración, mucho más profesional e independiente de los intereses locales, que, de la mano de impuestos más altos y recaudados directamente por ella, no tardó en rendir frutos en forma de mayores recursos para la Corona.

Pero el precio a pagar fue excesivo, y los resultados, mediocres. Los ingresos no bastaban en tiempos de guerra, lo que hizo necesario de nuevo recurrir a expedientes extraordinarios, como la lotería o los *vales reales,* títulos de deuda pública que servían a la vez de medio de pago, tan numerosos que terminaron por perder valor. El Ejército, deficiente en reclutamiento,

39

logística y formación de la oficialidad, no logró superar del todo sus limitaciones. La Armada, poderosa y bien organizada, perdía capacidad de combate por lo inexperto de sus tripulaciones. Y, sobre todo, América, resentida por la nueva explotación de que era objeto, flaqueaba en su lealtad y miraba ya hacia sus vecinos del norte con ansias de emular la gesta de su independencia. La España de Carlos III podía quizá engañar a muchos de los que la contemplaban sin la perspectiva del tiempo, pero sobre ella habría de caer el inflexible juicio de la Historia.

El retorno al concierto de las grandes potencias

No sería la primera vez que lo hiciera. Ya a comienzos del xviii, el británico William Coxe había comparado los renovados bríos mostrados por España tras la guerra de Sucesión con el despertar del león que figuraba en sus armas. Pero ni tales bríos respondían a una verdadera recuperación, ni fueron orientados de acuerdo con los intereses del país. De hecho, la política exterior de Felipe V estaba en manos de su segunda esposa, Isabel de Farnesio, y su valido, el cardenal Alberoni, que no tenían otra meta que la de ganar tronos para los hijos de la italiana, excluidos del español por los vástagos del primer matrimonio del rey. El descarado revisionismo de la pareja, que se concretó en sendas expediciones a Cerdeña y Sicilia, puso a Europa entera contra España, que, tras sufrir graves reveses, hubo de renunciar a todo. Alberoni fue cesado de inmediato, pero la reina no cejó en su empeño. De la mano del barón de Ripperdá, la política exterior buscó de súbito el entendimiento con Viena. En 1725, un absurdo tratado concedía a los austriacos privilegios en las Indias a cambio de vagas promesas de matrimonio de los dos hijos de Isabel con princesas Habsburgo. Otra vez aprestó Europa las tropas, y solo la evidencia de que Austria no se había comprometido a nada apartó a España de una nueva guerra.

Solo entonces empezó la política exterior a situarse en coherencia con los intereses del país. De la mano de José Patiño, secretario de Estado de Marina e Indias, y más tarde también de Hacienda, Guerra y Estado, el Atlántico, pilar de la potencia hispana, recibió de nuevo atención; la flota se reconstruyó, y el hábil ministro comenzó a explotar las posibilidades que ofrecía el naciente sistema de equilibrio europeo. Europa estaba cambiando. Ejércitos y armadas eran ahora mucho más gravosos, y ninguna potencia podía ya aspirar a ejercer en solitario la hegemonía. Se necesitaban aliados. Cada nación había de definir sus intereses; buscar amigos que los compartieran, y cargar juntos con el peso de su defensa. De este hecho nacieron las dos grandes líneas de fractura entre Estados en aquel siglo. Por un lado, la carrera de las colonias enfrentaba a España y Francia, señoras de vastos territorios, con Gran Bretaña, ansiosa por ganar mercados para su pujante comercio. Por otro, en el corazón de Europa se gestaba una pugna entre potencias continentales, nutrida por el ascenso de Prusia, que amenazaba los intereses de Austria y de Rusia. Y en ese contexto, España ya no podía luchar a un tiempo en la tierra y en el mar, sosteniendo sus Indias frente a las crecientes apetencias británicas. Necesitaba un aliado estable, y solo podía hallarlo entre quienes tuvieran idénticos intereses e idéntico enemigo.

Ese aliado era Francia. El primer Pacto de Familia, que sellaba la alianza entre ambas potencias, fue firmado en 1733. Sus cláusulas establecían el compromiso francés de defender a España contra los británicos a cambio de la continuidad del comercio francés en América. Con su respaldo, los españoles colocaron a

Carlos, hijo mayor de Isabel de Farnesio y futuro Carlos III de España, en el trono de las Dos Sicilias. Pero la alianza francesa no fue tan eficaz en el mar, donde el agresivo contrabando inglés, respondido con firmeza por España, provocó la llamada *guerra de la Oreja de Jenkins,* en la que los españoles llevaban las de perder. Por fortuna, el conflicto se diluyó en seguida en otro mayor, la guerra de Sucesión de Austria, que implicó a toda Europa y favoreció la renovación del tratado con Francia, amiga de Prusia y enemiga de Austria, a la sazón aliada de los ingleses. El segundo Pacto de Familia quedó así sellado en 1743, y en él, Luis XV se comprometía a colocar a otro hijo de la Farnesio, Felipe de Borbón, en los tronos de Milán, Parma y Piacenza, a la vez que sostenía a Carlos en el suyo; aseguraba apoyo militar para la reconquista de Gibraltar y Menorca, y empeñaba su palabra en la liberación de España de los gravosas cláusulas económicas firmadas en Utrecht a favor de los británicos. Más no se podía pedir; menos no se pudo cumplir. Francia negoció la paz en Aquisgrán (1748) sin contar para nada con España, que hubo de contentarse con ganar los ducados de Parma, Piacenza y Guastalla, pero no el de Milán, para Felipe de Borbón.

Pero entonces reinaba ya en Madrid Fernando VI, una de cuyas primeras medidas fue apartar de la Corte a Isabel de Farnesio. Ello supuso el fin de una era en la que solo la habilidad de Patiño había moderado un tanto una política exterior dictada por los intereses dinásticos. Por suerte, los ministros del nuevo monarca habían de volver la vista hacia las Indias, orientando así con firmeza la política exterior española en función del beneficio real del país. La guerra de los Siete Años había estallado en Europa, pero a España, todavía débil, no le interesaba entrar en ella, por más que se le prometiera a cambio. Francia ofrecía Menorca, conquistada a los británicos, y ayuda para recobrar Gibraltar. Gran Bretaña parecía dispuesta a ceder el Peñón, al que añadía el compromiso de abandonar sus posiciones en Belice y la Costa de los Mosquitos, territorios centroamericanos que controlaba ilegalmente desde 1638 y 1665, respectivamente. España contaba otra vez; era un aliado apetecible. Pero la mejor opción era la paz, que daba a España tiempo para reconstruir su flota y hacerse así más necesaria. Carvajal y Ensenada sabían que sola nunca podría sostener una guerra por tierra contra Francia o por mar contra los británicos, pero con una armada poderosa, se convertiría en una eficaz ayuda para una de ellas en guerra contra la otra, pues sus intereses enfrentados hacían imposible que se unieran contra España. Mientras, las energías del país podrían dedicarse a su reconstrucción interna.

Alguna atención, sin embargo, hubo que prestar a la política exterior. Los portugueses se habían establecido en Sacramento, al este del Río de la Plata, ofreciendo a los británicos una salida expedita a su contrabando en la zona. Había que echarlos de allí, y el objetivo se logró al fin en 1750. En el Tratado de Madrid, Portugal renunciaba a su colonia y a la navegación por el Río de la Plata a cambio de territorios al norte, que hubo que limpiar primero de asentamientos guaraníes tutelados por los jesuitas al precio de una guerra tan injusta como inútil, pues el tratado sería anulado unos años después. La cuestión solo reportó beneficio a los enemigos de Ensenada, que se valieron de ella para acusarlo ante el rey y provocar su caída.

La llegada al trono de Carlos III pareció variar los supuestos de la política exterior. El pacifismo fernandino se abandonó, y se pagó un alto precio por ello. La entrada de España en la guerra de los Siete Años cuando se adivinaba ya su final, y del lado perdedor, fue un error evidente. La paz de París (1763) regaló

Defensa de Cartagena de Indias por Blas de Lezo en 1741, Museo Naval, Madrid. La guerra con Gran Bretaña fue una constante de la política exterior española durante todo el siglo. La pujanza de la economía inglesa y la escasez de mercados abiertos en los que colocar sus productos conducía a su gobierno al enfrentamiento con las potencias que se consideraban con el derecho exclusivo a disfrutar de esos mercados, España y Francia, lo que convertía a estas últimas en aliados naturales frente a las pretensiones británicas.

El navío *Santísima Trinidad*, botado en La Habana en 1769, fue el mayor barco de guerra de su época y constituyó todo un símbolo del renacer de la Armada española en el siglo XVIII. Una marina de guerra fuerte era una necesidad para un estado que cabalgaba sobre al Atlántico y cuyo gobierno recibía a través de él los recursos fundamentales para su supervivencia fiscal. No obstante, si los barcos españoles llegaron a igualar en calidad a los ingleses, los mejores del mundo, no lo hicieron sus tripulaciones, lo que restó capacidad de combate a una flota que, sobre el papel, resultaba temible. Los españoles saben hacer barcos, pero no hombres, dicen que sentenció el almirante Nelson en la batalla de Trafalgar.

Florida a los británicos, aunque España recibió de Francia la Luisiana, un vasto territorio apenas colonizado que se extendía hacia el interior de Norteamérica siguiendo el curso del río Mississipi. La lección fue aprendida. Si se quería la guerra, había que prepararse para ella. La Armada recibió otra vez atención; el Ejército fue reorganizado; los recursos de las Indias, exprimidos, y cuando la guerra estalló otra vez, España era más fuerte. Por desgracia, el nuevo conflicto era más complejo. En 1776, las colonias británicas de Norteamérica se habían levantado en armas contra su rey. Era una oportunidad inmejorable para recuperar lo perdido, pero ayudar a los rebeldes ofrecía un peligroso ejemplo a los habitantes de las Indias españolas, irritados por la presión que ahora sufrían. Se optó, en consecuencia, por la intervención, pero de forma discreta. Un tratado secreto con Francia garantizaba a España, a cambio de su alianza, la ayuda francesa para recuperar Menorca, Gibraltar, Florida y los asentamientos ingleses en América central. Esta vez la alianza funcionó mejor. En 1783, el Tratado de Versalles devolvía a España Florida y Menorca, consolidando sus posiciones en Norteamérica. Pero el precio pagado había sido muy alto. Hacer política de gran potencia exigía una economía sólida, y para ello eran necesarias profundas reformas que los ministros carolinos, como vimos, no estaban ya dispuestos a iniciar y que la propia guerra obstaculizaba. La salida de este círculo vicioso terminaría por ser la revolución.

LOS FRÁGILES CIMIENTOS DEL ESTADO BORBÓNICO

La sociedad española, a diferencia de su Estado, apenas había cambiado. España crece, pero no se desarrolla. Crece el número de sus habitantes, que pasan de siete millones a más de diez, pero crecen también sus desequilibrios. La periferia se recupera y duplica su población, mientras Castilla solo la incrementa en un tercio. No hay revolución demográfica porque no la hay agraria ni industrial, porque campos y ciudades, con la excepción de los catalanes, no se liberan de los lastres tradicionales. La agricultura sufre de idénticas dolencias que antaño, y las malas cosechas vuelven de tanto en tanto con su inevitable cortejo de hambre, epidemias y muerte, robando así los años malos mucho del crecimiento de los buenos. La viruela, el cólera, el tifus o la fiebre amarilla han sustituido a la peste, pero no matan menos que ella. La higiene y la medicina no han mejorado. La vacuna solo llega a finales de siglo. La emigración continúa siendo la única válvula de escape.

Porque, aunque las cosechas aumentaron, la técnica era la misma y los rendimientos también. Nuevos campos y nuevos cultivos, como la patata, permitieron alimentar más bocas. Pero cuando la población siguió creciendo, la agricultura se reveló incapaz de igualar su ritmo. Los precios empezaron entonces a subir, pero nadie estaba dispuesto a destinar capital a la tierra. Unos, los que la cultivaban, porque no lo tenían, y si lo pedían, podían perderlo todo, pues carecían de seguridad en la posesión de unas fincas que arrendaban a corto plazo. Otros, los que la poseían, nobles y clérigos en su mayoría, porque preferían destinar su dinero al lujo y la ostentación que les exigía su mentalidad aristocrática. No era posible, en estos términos, revolución agrícola alguna. Y no la hubo en Galicia, donde parcelas pequeñísimas habían de mantener a tantos; ni en Castilla, entregada a los rebaños de la Mesta; ni aun en Andalucía, cuyas ricas tierras se desperdiciaban en manos de latifundistas despreocupados. Solo en Cataluña, donde los arrendamientos a largo plazo permitían al labrador arriesgar su dinero en la tierra, la agricultura empezó a progresar. Los rendimientos crecieron y una parte de ellos se invirtieron en manufacturas rurales que miraban al mercado americano. La mano de obra abundante, la proximidad de los puertos y el beneficio fácil hicieron el resto. La industria catalana creció y se diversificó. Del aguardiente se saltó al algodón. Llegaron máquinas inglesas y los productos bajaron su precio y aumentaron su calidad.

Mientras, en el resto del país el atraso agrario frenaba el despertar de la industria. Con excepción de los arsenales y las manufacturas de lujo crecidas a los pechos del Estado, no hubo industrialización. Se animaron algo los viejos talleres locales, y se extendió también un tanto el sistema doméstico*, manufacturas producidas en sus casas por los campesinos a iniciativa de los comerciantes urbanos deseosos de liberarse del monopolio gremial. Hubo, una vez más, crecimiento, pero no desarrollo.

No le fue mucho mejor al comercio, lastrado por la baja demanda y las comunicaciones deficientes. Los intentos de mejorarlas quedaron a medias. Una flamante red de carreteras debía partir desde Madrid hacia los puntos más remotos de la península ibérica, pero faltaba el dinero. Ninguno de los dos canales proyectados, el de Castilla y el de Aragón, se terminó antes de 1800. Solo donde había puerto era posible el comercio. Por ello, la liberalización de los intercambios con las Indias ofreció una buena oportunidad. El comercio colonial, libre al fin de la tiranía de las flotas, despega. Sus importantes beneficios enjugan el cuantioso déficit de la balanza de pagos, fruto de la compra de manufacturas y la venta de materias primas. Pero la libertad sola no basta. La agricultura y la industria no son capaces de producir más y más aprisa. Solo los catalanes aprovechan la oportunidad. En el resto del país, los barcos parten llenos de productos extranjeros que los españoles se limitan a revender. Y el monopolio, impuesto con mayor rigor que nunca, levantará ampollas entre los criollos sin beneficiar por ello a la industria española.

No extraña, por tanto, que la sociedad del XVII apenas cambie en el XVIII. Es cierto que se ha debilitado el señorío; que campesinos y nobles se enfrentan ya por las rentas, no por la autoridad; que la inmunidad fiscal de la aristocracia y el clero ya no es total; que la Corona ataca al fin la hegemonía de los valores nobiliarios. Pero los cambios reales son mínimos. Estamentos y privilegios, mayorazgos y manos muertas, señoríos y exenciones conservan plena vigencia. La aristocracia controla los escalafones más altos de la milicia, y se la

Luis E. Íñigo Fernández

prefiere aún para el desempeño de embajadas, virreinatos y capitanías generales. Han crecido las clases medias, pero son todavía raquíticas. En las ciudades, el
poder continúa en manos de una oligarquía que vive de
las rentas de sus tierras y sueña con ennoblecerse. Un
poco por debajo, comerciantes, artesanos o abogados
albergan idénticas esperanzas. La Universidad es aún
un baluarte de la tradición. Las ideas de la Ilustración
seducen a unos pocos hidalgos, clérigos y funcionarios,
que engrosan las filas de las Sociedades Económicas;
devoran revistas francesas, y tratan de estar al día en las
modas del pensamiento. Pero la mentalidad dominante
es la misma que un siglo atrás.

Tampoco ha mejorado mucho el nivel de vida de
los humildes. Pequeños propietarios en riesgo de perder sus tierras por una mala cosecha, arrendatarios que
sufren elevadas rentas y contratos efímeros, o jornaleros miserables engrosan cada año por millares las filas
de los vagabundos, que el Estado trata como a delin-
cuentes. Tal es la España real, la que se esfuerza tras el
impresionante despliegue de vigor exterior, y que, así
las cosas, carecerá de energía para sostenerlo cuando
llegue el momento decisivo.

El difícil balance de un gran siglo

¿Cuál ha sido, pues, el alcance real de los cambios? En España, la Ilustración fue cosa de la Corte y
de unos pocos espíritus inquietos que habitaban en los
escasos lugares abiertos al exterior, como los puertos.
Funcionarios, comerciantes, juristas, médicos y algunos hidalgos y clérigos idealistas leían obras francesas
y las daban a conocer; formaban Sociedades Económicas; impulsaban la educación popular, e incluso
difundían nuevas técnicas agrarias e industriales.
Mientras, las universidades se abrían con timidez a las

50

nuevas corrientes y la prensa disfrutaba de una verdadera eclosión de publicaciones sensibles al espíritu del siglo. Pero había frente a ellos otro bando, mayor en número y poder, el de los conservadores: clérigos temerosos de perder su hegemonía sobre las conciencias, oligarcas de villas y aldeas que se aferraban desconfiados a sus cargos, filósofos rancios que consideraban nociva cualquier idea llegada de Francia... Y con el pueblo no podían contar, ajeno a una disputa que no entendía e inmerso por completo en la tradición y la religión. Así era la sociedad española del setecientos, una enorme inercia cruzada por corrientes críticas, como acertó a describir el siglo pasado el notable pensador español Julián Marías.

Por todo ello, solo la intervención decidida del Estado podía dar la victoria a los innovadores. Pero ahí estaba la contradicción que condenaba sus iniciativas al fracaso: ¿cómo podía la Monarquía absoluta, encarnación política del Antiguo Régimen, acaudillar unas reformas que, llevadas a la práctica, minarían los fundamentos mismos del sistema? De ahí que la actitud de la Corona fuera, cuando menos, ambivalente. Hasta 1759, se preocupó más del fortalecimiento del Estado que de la modernización efectiva del país y la mejora de su nivel de vida. Bajo Carlos III, pareció que algo iba a cambiar. Sus primeros secretarios desplegaron durante un tiempo un formidable programa de reformas. Pero el Motín de Esquilache, en 1766, lo frenó, y la prioridad concedida a la guerra a lo largo de todo el reinado hizo imposible su continuación. El país creció mientras pudo. En 1788, Carlos IV heredaba una España en apariencia sólida y dueña de un imperio mayor y mejor defendido. Sus campos y ciudades producían más y alimentaban más bocas. Los caminos habían mejorado. El comercio era más dinámico y disfrutaba un monopolio más eficaz sobre las Indias. Las manufacturas, impulsadas por la demanda creciente, habían incrementado su producción. El arte, más reacio que en otras partes a entregarse a los dictados de una élite académica alejada de la sensibilidad popular, alcanzaba de nuevo altas cotas de originalidad y talento creativo, de los cuales será Francisco de Goya el más claro ejemplo. Y, en fin, los españoles, más cerca ahora que nunca de unirse por vez primera bajo una sola ley, han dado el paso decisivo hacia la construcción de una nación de ciudadanos, levantada sobre la razón antes que sobre la raza, la lengua o la cultura, que parecía mirar con confianza su futuro.

Pero se trataba tan solo de apariencias. El crecimiento llegó allí donde lo permitían las maltrechas estructuras del Antiguo Régimen. Y cuando el país se vio sometido a las exigencias de una guerra interminable, sus limitaciones quedaron a la vista. El reinado del último Borbón de la centuria sería testigo del trágico final de un mundo y de la aurora de otro nuevo, cuyo advenimiento solo unos pocos españoles deseaban. Una aurora tras la cual, por desgracia, no llegó la luz, sino la tormenta.

2

Entre la libertad y la reacción

Si la situación de la Monarquía era mala en 1808 —y hubiese llevado a una crisis endógena de no mediar la invasión francesa— en 1814, al acabar la guerra, era desesperada. Durante estos años el régimen de las Cortes había intentado algunas reformas modernizadoras, pero no había podido hacer gran cosa más que planear sobre el papel, sin tiempo ni oportunidad de implantar en la realidad sus proyectos (ni de advertir, por tanto, que algunos de ellos eran inviables).

Josep Fontana.
La quiebra de la monarquía absoluta, 2002.

GUERRA Y REVOLUCIÓN

En 1789, el pueblo francés, dirigido por los burgueses, puso punto final a la Monarquía absoluta, los privilegios sociales y los obstáculos a la libertad económica. Los reyes de media Europa, temerosos del contagio revolucionario, alzaron sus armas contra Francia. En España, el ministro principal de Carlos IV, el conde de Floridablanca, disolvió las Cortes convocadas aquel año para jurar al heredero de la Corona y rodeó con un cordón sanitario al país vecino. Las censuras y prohibiciones se multiplicaron; los ilustrados interrumpieron sus reformas, y un joven oficial de palacio, protegido de la reina, aferró el timón del Estado en momentos que exigían una capacidad política excepcional.

Manuel Godoy, señor de las Españas entre 1792 y 1808, no la tenía. Quizá por ello, se dejó arrastrar a una insensata guerra contra la Francia revolucionaria que venía a cargar de nuevo a la Hacienda y al Ejército con un peso que no podían soportar. En 1795, la Paz de Basilea concedía a los franceses la isla de Santo Domingo y el disfrute de nuevas concesiones comerciales en América. Con todo, el joven favorito no reconoció su error. Sin entender que solo la paz interesaba a una España exhausta, se lanzó de nuevo a la guerra, ahora en el bando contrario. En 1796, el Tratado de San Ildefonso embarcaba a la nación en un conflicto con Gran Bretaña en el que no podía sino llevar la peor parte. La derrota naval de San Vicente un año más tarde, que entregó a los ingleses la isla de Trinidad, redujo la capacidad combativa de la Armada, poniendo en peligro la llegada de la plata americana, fluido vital del que se alimentaban las arcas públicas.

Estas derrotas poseían una especial trascendencia. En España, como en toda Europa con excepción de Inglaterra, el Antiguo Régimen quedaba abocado a un callejón sin salida. La guerra cegaba el manantial de las colonias y planteaba el dilema en toda su crudeza: para salvar al Estado había que aumentar sus ingresos, y para aumentar sus ingresos había que cambiar el Estado. Los estamentos, los privilegios, los gremios y todos los demás elementos del Antiguo Régimen, que lastraban el crecimiento económico y, con él, el de la Hacienda, tenían que desaparecer.

Sin embargo, pocos eran capaces entonces de comprender lo que ocurría. Entre 1798 y 1800, cuando las derrotas forzaron a los reyes a apartar del poder a

Manuel Godoy, por Francisco de Goya, Museo del Prado, Madrid. El pintor aragonés retrató aquí al favorito de los reyes como general victorioso en medio de una batalla, una visión sesgada de un hombre que, avanzado en sus ideas, fue, sin embargo, superado por una época que exigía individuos mejores para dirigir a un Estado que se hundía.

Godoy, pareció que la Corona tomaba el camino de las reformas. Pero se trató de un espejismo que se saldó con una tímida desamortización* de bienes eclesiásticos, dejando intactas las innumerables trabas a la libertad económica que impedían el desarrollo del país. Además, Godoy regresó en seguida al Gobierno, y con él, la guerra. En octubre de 1801, el segundo Tratado de San Ildefonso hacía de España un títere de Napoleón, encumbrado ya al poder en el país vecino. En 1805, la aplastante derrota de Trafalgar producía la aniquilación definitiva del poderío naval español. Sin Armada no habría plata, y sin plata que lo alimentara, el Estado del Antiguo Régimen estaba condenado a morir.

Pero la agonía fue larga. La mala situación del país llevó el descontento a un punto que allanaba el camino a los ambiciosos ansiosos de conquistar el poder. Poco a poco, el príncipe heredero, Fernando, desleal con su padre, se convirtió en foco de una conspiración que tenía como objetivo derribar al valido y a los propios reyes. Su descubrimiento, en octubre de

Royal Sovereign, First Through the Line, por Richard Grenville. La batalla de Trafalgar, el 21 de octubre de 1805, mostró a un tiempo al mundo el heroísmo del que eran capaces los marinos españoles y la ineptitud que podían alcanzar sus políticos. Después de aquella jornada, los días de España como gran potencia llegaron a su fin.

1807, dio lugar a un proceso en el que Fernando fue perdonado a cambio de delatar a sus cómplices. Todo quedó en nada, pero solo por un tiempo. El problema de fondo seguía ahí, agravándose por momentos. La invasión francesa de 1808 fue solo el disparador de una crisis que se habría producido de todos modos.

En 1807, Napoleón impuso a España el paso de un ejército francés con el fin de invadir Portugal, reacio a aplicar el bloqueo comercial contra Inglaterra. Era una añagaza. El insaciable corso, consciente de la debilidad del país, había decidido ya quedarse con España y sus colonias americanas. Tras el llamado Motín de Aranjuez, en marzo de 1808, nueva conspiración de los partidarios de Fernando que desembocó en su ascenso al trono, el emperador llamó a la familia real a Bayona; le arrebató la corona, y la regaló a su hermano José. España era ya un nuevo Estado títere del Imperio francés.

Como en otros casos, el flamante reino contó en seguida con una Constitución, que una obediente asamblea de notables hispanos aprobó en la misma

OPERACIONES BÉLICAS EN LA GUERRA DE LA INDEPENDENCIA

La llamada Guerra de la Independencia reveló por primera vez la incapacidad de los ejércitos ante la voluntad de un pueblo unido por el deseo de resistencia. Aunque se ha abusado del carácter nacional de aquel levantamiento, motivado más bien por la defensa de la monarquía y la religión frente al francés republicano y laico, y se ha otorgado poco peso al papel indispensable de los ejércitos español y británico en la contienda, lo cierto es que Napoleón fue derrotado por la misma fuerza que lo había encumbrado y que la Revolución Francesa había llamado al escenario de la Historia: la nación en armas.

Bayona. No fue un mal regalo. España se convertía en una Monarquía en la que el rey quedaba obligado a respetar los derechos de sus súbditos, garantizados por unas Cortes bicamerales. Los obstáculos a la libertad de comercio e industria y los privilegios de la nobleza y el clero desaparecían. El Estado tomaba el camino de la reforma. Pero ya era tarde. A comienzos de mayo, el país entero se levantaba en armas contra los franceses que lo ocupaban.

Durante más de cinco años, el pueblo combatió al invasor galo en una guerra distinta a cualquiera de las anteriores. El sacrificio de los españoles alcanzó límites insospechados. La carestía fue tal que escasearon incluso las patatas, el alimento popular por excelencia junto al pan, hasta el punto de que uno de los platos más comunes de la actual gastronomía nacional, la tortilla francesa, debe su nombre a que la falta de patatas durante la guerra de Independencia contra los franceses obligó a prepararla solo con huevo. Hubo batallas, pero lo decisivo fue una nueva forma de lucha en la que cada hombre era un enemigo y cada palmo de terreno un lugar hostil. La guerrilla* imponía al ocupante una pesada carga, pues, ubicua e invisible, forzaba a sus tropas a una continua actividad que las desgastaba y desmoralizaba. Así, aunque los franceses terminaron por ocupar la península ibérica, los españoles no se rindieron, y su indomable deseo de expulsar de su tierra al invasor, unido al apoyo del cuerpo expedicionario británico comandado por Wellington, terminó por darles la victoria.

No fue, con todo, lo más importante. Hasta entonces, España, como el resto de los países europeos, había sido tan solo un Estado. Las reformas borbónicas, como vimos, trataron ya de hacer de ella una nación. Pero los humildes habían permanecido ajenos a los afanes de los reyes. Es ahora cuando, en el fragor de la lucha contra el francés, la guerra de la Independencia por antonomasia para la historia española, el pueblo toma conciencia de su pertenencia a un ente superior y distinto de la mera voluntad de los monarcas; expresa su rechazo a ser regido por un rey impuesto, y se erige en depositario de su propia soberanía. En cada población, los notables, reunidos en juntas, envían a sus representantes a las capitales, y estas hacen lo propio hasta constituir una Junta Suprema Central que opta por dar forma legal al proceso iniciado de manera espontánea. En ausencia del rey legítimo, tendrán que ser las Cortes las que decidan el camino que habrá de seguir el país.

    ¿Pero qué valía la pena salvar del viejo orden? ¿Qué convenía destruir? La unanimidad no existe. Para unos, los llamados *serviles* o absolutistas, la Monarquía absoluta es una institución natural, imposible de mejorar o limitar, pues proviene de Dios. Nada hay que cambiar. Basta con expulsar a los franceses y sentar de nuevo en el trono al monarca legítimo, Fernando VII. Para otros, los *jovellanistas,* el absolutismo no se corresponde con la tradición española, pero tampoco lo hace el liberalismo. El país no requiere una nueva Carta Magna, pues ya posee una *Constitución histórica,* no escrita, cuyo principio fundamental es la soberanía del rey con las Cortes. Basta, pues, con restaurar ese principio, aplastado por el peso de tres siglos de tiranía. Frente a ellos, los llamados *afrancesados,* nostálgicos de las reformas ilustradas, creen que la mejor garantía del progreso reside en la figura del rey José, extranjero, pero libre por igual de caer en la estéril reacción absolutista y la peligrosa revolución liberal. Y, en fin, había también quienes veían en la libertad la única medicina capaz de resucitar el moribundo cuerpo de la nación. Libertad en lo económico, para escoger el trabajo y remunerarlo, para traficar con bienes y con tierras, sin más limitación que la garantía absoluta de la propiedad privada y de los contratos. Libertad en lo social, sin caducos privilegios estamentales ni discriminaciones ante la ley. Y libertad en lo político, para escribir y publicar, para residir y trasladarse, para buscar la felicidad según el propio albedrío, para escoger al Gobierno y cambiarlo. Libertad sin más barreras que las fijadas en una Constitución escrita, capaz de definir los límites y el equilibrio entre los poderes, la extensión y las condiciones del sufragio, las reglas del juego entre los actores del drama político. Liberales, en una palabra, y autores de la Constitución de 1812, pronto se les conocerá como *doceañistas*.

¿A quién corresponde la mayoría? En las masas predominan las simpatías absolutistas. La respuesta de los humildes ha sido una pulsión primaria en defensa de su religión, su tierra y su rey, que debe volver para gobernar como lo hacía, pues personifica el bien, la tradición y la libertad. Ni perciben la necesidad de un cambio ni comprenden en qué podría beneficiarles. Las Cortes son otra cosa. Ocupada España entera por el francés, hubieron de nutrirse de diputados suplentes, elegidos en Cádiz, ciudad pletórica de exiliados liberales. Por ello no representan a los estamentos, como era costumbre, sino a los individuos, y su objetivo es la demolición de las instituciones del Antiguo Régimen —la propiedad vinculada, la Inquisición, los gremios, los privilegios— como paso previo a la construcción de un Estado nuevo. Y lo hacen al modo liberal, aprobando una Constitución que entrega la soberanía a la nación, sin concesiones a la prerrogativa regia; repartiendo los poderes reales entre el soberano, las Cortes y los jueces, en un equilibrio que previene el despotismo; garantizando a los ciudadanos sus derechos inalienables y permitiéndoles escoger a sus gobernantes, sin otro límite que la edad y el sexo. Solo la fe católica, que los diputados consideran indisoluble de la nación, continúa disfrutando los privilegios que la tradición le había otorgado.

EL RETORNO DEL DESEADO

En 1812, una nueva era de libertad parecía dar comienzo para el país. Pero se trataba de un espejismo. El liberalismo era cosa de unos pocos eclesiásticos, nobles y burgueses, y algunos letrados y funcionarios. El pueblo solo deseaba la vuelta de su rey, y en sus manos estaría pronto el futuro de la nación. En 1813, el Tratado de Valençay devuelve a España su soberano legítimo. ¿Se avendrá Fernando VII a convertirse en monarca constitucional? El ambiente no le invita a hacerlo. Derrotado Napoleón, Europa trata de restaurar el Antiguo Régimen. Y en su viaje de regreso, Fernando encuentra por doquier el fervor de su pueblo y las pruebas del escaso apoyo con que cuentan las Cortes. El general Francisco Javier de Elío pide en Valencia la vuelta de las viejas instituciones. El *Manifiesto de los persas,* obra de un centenar de diputados serviles, solicita del rey la restauración del absolutismo. La suerte estaba echada. El 4 de mayo de 1814, Fernando anulaba los decretos de las Cortes, disolvía la Cámara y derogaba la Constitución.

Pero la realidad es tozuda. La España de 1814 era un país exhausto, agarrotado por el caos monetario, atemorizado por las partidas de bandoleros, paralizado por la quiebra total de la Hacienda; una nación humillada, impotente ante la rebeldía de sus colonias americanas, postergada en la reorganización de Europa a pesar de su protagonismo en la derrota de Napoleón. Un monarca más sensato habría comprendido la necesidad de hacer concesiones en favor de la reconstrucción nacional, y habría intuido que el clima de fervor popular constituía una ocasión irrepetible para embarcarse en un programa reformista. Pero no lo hizo así. Durante aquellos *seis mal llamados años,* elocuente expresión de los historiadores liberales que hacía alusión al carácter retardatario de aquel primer sexenio fernandino, el

Retrato de Fernando VII con uniforme de capitán general,
por Vicente López Portaña (c. 1814-1815).

nuevo rey, entregado a una camarilla de incompetentes, se limitó a cambiar una y otra vez, sin criterio alguno, a sus ministros y a reprimir con extrema violencia los continuos pronunciamientos militares, sin dar respuesta ni a uno solo de los problemas del país.

No es raro que, al fin, uno de aquellos pronunciamientos triunfara. La proclama del comandante Rafael del Riego, que exigía la plena vigencia de la Constitución, imitó en 1820 los sucesos de doce años atrás. El populacho se inflamó y surgieron de nuevo las Juntas que trataban de apartarlo de la anarquía mientras llevaban a Madrid sus peticiones. El rey, asustado, se avino a jurar la Carta Magna. Pero el nuevo experimento liberal iba a durar tan solo tres años. Aunque la obra legislativa de las Cortes gaditanas recobró su vigencia, e incluso se amplió con algunos decretos que extendían la desamortización y expulsaban a los jesuitas, los enemigos que debían enfrentar los liberales eran demasiado fuertes, y ellos, demasiado débiles. Los campesinos —ocho de cada diez españoles— rechazaban un régimen que nada les ofrecía. Los mismos liberales estaban divididos. Los *doceañistas,* dispuestos a moderar la Constitución para atraerse a la nobleza y el clero, chocaban con los *exaltados,* mucho más radicales. El rey conspiraba con los embajadores de las potencias absolutistas, negociando una invasión que le devolviera su poder. Partidas de guerrilleros recorrían los campos reclamando la vuelta del viejo orden, y una regencia absolutista establecida en Urgel por Bernardo Mozo de Rosales, marqués de Mataflorida, se proclamaba depositaria de la legitimidad política. La intervención de un cuerpo expedicionario francés, los *Cien Mil Hijos de San Luis,* enviado por la Santa Alianza* para restaurar el absolutismo, terminó con todo en 1823.

Pero durante el decenio siguiente, apodado por los historiadores liberales la *Década Ominosa,* algunas cosas empezaron a cambiar. Aunque comenzó con una terrible represión que forzó de nuevo al exilio a miles de liberales, el absolutismo no se restableció sin más. Le sucedió una suerte de despotismo ilustrado que buscaba conciliar progreso económico y respeto a las viejas instituciones. El Banco de San Fernando anticipó el nacimiento del futuro Banco de España; abrió sus puertas la Bolsa de Madrid; se aprobó un Código de Comercio, y quedó constituido el Tribunal de Cuentas. Apenas nada, pero suficiente para impulsar hacia una cerril oposición a los absolutistas puros, que se fueron agrupando en torno a don Carlos María Isidro de Borbón, hermano y heredero del monarca. El país estaba cada vez más dividido. Solo la figura del rey parecía interponerse entre ambos bandos. Cuando Fernando muriese, la guerra larvada dejaría paso a la guerra abierta. Pero convenía ir tomando posiciones, y para ello resultaba fundamental asegurar el trono. El problema sucesorio devino así problema político de primer orden.

Fernando VII, que se había casado tres veces, carecía de descendencia. Al fin, la cuarta de sus esposas, María Cristina de Borbón, quedó embarazada. Pero esto no zanjaba la cuestión. Si el infante nacía varón, se convertiría en rey, terminando con las esperanzas de los seguidores de don Carlos. Si la reina alumbraba una niña, los reaccionarios enarbolarían la ley Sálica, que vedaba el acceso de las mujeres al trono. Las Cortes de 1789, llamadas a derogarla, lo habían hecho, pero su decisión carecía de fuerza legal, pues no se había promulgado la pragmática sanción que se requería para dársela. En consecuencia, en 1830 el entorno de Fernando se convirtió en un hervidero de intrigas. La reina, consciente de que su futuro giraba en torno a su hijo, buscó cuantos apoyos pudo hallar. Muchos eran liberales; otros, reformistas autoritarios conscientes de la imposibilidad de preservar sin más el

Antiguo Régimen. La presencia a la cabeza del Gobierno de uno de ellos, Francisco Cea Bermúdez, resultó fundamental. Convencido de la necesidad de contar con los liberales, disolvió el Cuerpo de Voluntarios Realistas; depuró la oficialidad, e hizo regresar a los exiliados. Entonces instó al rey a promulgar la sanción que convertía a Isabel en su heredera legítima. Así, a la muerte de Fernando, la niña se convirtió en reina; su madre en regente, y sus partidarios, instalados en el Gobierno, en jugadores de ventaja en la partida que se avecinaba.

EL FIN DEL IMPERIO

Mientras todo esto sucedía en España, los virreinatos americanos comenzaban a cortar, con cierta discreción al principio, sin ningún disimulo más tarde, los lazos con la metrópoli. Al igual que en España, la invasión napoleónica y la entronización de José I propiciaron la constitución de juntas que rechazaron la legitimidad del nuevo monarca y se proclamaron conservadoras de los derechos del rey legítimo, Fernando VII. El 5 de agosto de 1808 nacía la Junta de México; en septiembre lo hacía la de Montevideo, y a partir de la primavera de 1809 fueron surgiendo organismos similares en el resto de los territorios americanos.

Como en España, las juntas estaban integradas por notables locales, hombres de cierta posición social y alguna cultura que, ante el vacío de poder creado por la implantación de un régimen al que tenían por ilegítimo, niegan su reconocimiento a las autoridades virreinales, que han acatado ese régimen, y asumen la soberanía en nombre de la sociedad. Pero en América existe una notable diferencia. Esos hombres son criollos, descienden de españoles, pero no han nacido en la península. Beneficiados durante siglos por el orden económico y social vigente en la América hispana, han aceptado la dependencia de España, pero cuando las reformas implantadas durante el reinado de Carlos III comenzaron a perjudicar sus intereses, convirtiendo en verdaderas colonias lo que, hasta entonces, habían sido en la práctica reinos en igualdad de condiciones con el resto de los que conformaban la Monarquía hispánica, se irritaron profundamente y dejaron de ser leales al orden vigente.

Otros factores aceleraron el proceso. Cultos muchos de ellos, formados algunos incluso en las universidades europeas, los criollos se habían empapado de las ideas ilustradas y liberales. La igualdad ante la ley, la soberanía nacional y los derechos individuales serán los principios que justifiquen la independencia de la América hispana. El ejemplo de las colonias inglesas de Norteamérica actúa como acicate. Su situación era parecida. Los colonos habían sostenido con su esfuerzo el Imperio británico, que les pagaba con mayores impuestos y prohibiciones comerciales. Su independencia marca, a partir de 1783, el camino a seguir a los criollos de la América hispana. La debilidad militar de la metrópoli, cada vez más evidente desde finales del siglo XVIII en las guerras sostenidas contra franceses y británicos, y claramente insostenible tras la derrota de la Armada española en Trafalgar, les anima a continuar dicho camino. La invasión francesa y el desmoronamiento del Estado borbónico les brinda una ocasión irrepetible para hacerlo.

Quizá el triunfo inmediato del liberalismo en la península podría haber frenado el proceso, pero las Cortes de Cádiz no controlan un territorio sobre el que el rey francés José I parece sólidamente asentado en 1810. Se suceden entonces las primeras declaraciones de independencia. Venezuela la proclama en abril; Cartagena de Indias se subleva en mayo y Bogotá en julio; México se declara independiente en septiembre. América empieza a desligarse de España.

La independencia de la América española. Después de más de quince años de lucha, de los antiguos virreinatos, reducidos a cenizas, emergen jóvenes repúblicas que, incapaces de conservar la unidad, miran con simpatía a su poderoso vecino del norte, bajo cuya influencia, sin embargo, no tardarán en caer. En 1823, el presidente estadounidense James Monroe proclamaba: «América para los americanos». En realidad quería decir: «América para los estadounidenses».

67

Pero no existe unanimidad. No todos desean la independencia. La sociedad se fractura. Los *realistas,* con el apoyo de las tropas enviadas desde España tras la derrota de Napoleón, se enfrentan a los *patriotas,* dispuestos a romper por completo las ataduras con la metrópoli. Líderes carismáticos como Antonio José de Sucre, Simón Bolívar y José de San Martín alimentan la llama del naciente patriotismo americano. Después de unos años, la victoria se decanta de su lado. En 1821, el triunfo de Carabobo asegura la independencia de la Gran Colombia. En 1822, en Pichincha, Ecuador gana la suya. La batalla de Ayacucho, en 1824, separa de España el último de los territorios que permanecía bajo su control, el virreinato del Perú. Tras esa fecha, la independencia de la antigua América hispana continental es ya un hecho irreversible. Solo quedarán, como muestra residual de la grandeza colonial, Cuba y Puerto Rico, y en la lejana Asia, las Filipinas y algunos archipiélagos menores.

LA NACIÓN FRACTURADA

Como hemos visto, a la muerte de Fernando VII, proclamada Isabel reina, María Cristina, regente, e instalados en el poder los partidarios de las reformas, a los carlistas no les quedaba ya sino rendirse o llevar al país a la guerra civil. El *Manifiesto de Abrantes,* promulgado por don Carlos el 1 de octubre de 1833, apostó por esta vía al declarar traidor a quien no lo reconociera como rey. Le siguieron curas de aldea recelosos de la modernidad, campesinos apegados a su terruño miserable, artesanos nostálgicos de la seguridad de sus decrépitos gremios, militares y burócratas reaccionarios. Entonces declaró sagrada la alianza entre el trono y el altar; ofreció a los vascos la preservación de sus fueros frente al liberalismo centralizador, y miró con recelo a la ciudad, hogar de las amenazas

José Francisco de San Martín (Yapeyú, Argentina,
25 de febrero de 1778 - Boulogne-sur-Mer, Francia, 17 de
agosto de 1850), militar argentino cuyas campañas fueron
decisivas para las independencias de la Argentina,
Chile y el Perú.

Simón José Antonio de la Santísima Trinidad Bolívar
y Palacios, mejor conocido como Simón Bolívar,
(Caracas, 24 de julio de 1783 - Santa Marta, Colombia,
17 de diciembre de 1830).

que se cernían sobre la tradición, para plantar sus reales en los valles vasconavarros y las comarcas más atrasadas del Maestrazgo, Cataluña y Aragón. En estas regiones se afirmó, durante algunos años, un verdadero Estado, un reino sin ciudades para el que el llamado Carlos V logró incluso el reconocimiento de las grandes potencias de la Santa Alianza, que le enviaron hombres y dinero.

Frente a los carlistas, contaban sus filas los isabelinos. Humildes labriegos de Castilla y Valencia, jornaleros andaluces, embriones de obrero, funcionarios, burgueses, nobles, obispos y generales, criados a la sombra del poder, juran lealtad a la niña reina. Radicales unos, ansiosos por reverdecer las glorias de Cádiz; moderados otros, conscientes de la incapacidad del país para digerir cambios en exceso rápidos; simples reformistas la mayoría, dispuestos a conciliar progreso material e inmovilismo político, la dinámica de la que habría de ser la primera de las guerras carlistas forzará a todos a entenderse como condición imprescindible de la victoria.

Durante siete años, los dos bandos se enfrentaron en un conflicto llamado a marcar a fuego por cien años los destinos del país. El Ejército se erigió en garante de la supervivencia del Estado liberal. Sus generales terminaron por someterlo a su tutela y, con el tiempo, incluso a su capricho. Generales serán, durante un siglo, los jefes de los partidos liberales y los más destacados presidentes del Gobierno; generales, los regentes del reino en momentos de crisis, y generales, en fin, los que se arroguen el derecho a intervenir en sus destinos cuando, en su opinión, los políticos se desvíen del verdadero sentir de los españoles. Pero si la paz llega de su mano, no lo hace nunca la estabilidad. En 1839, el *Abrazo* entre los generales Rafael Maroto, carlista, y Baldomero Espartero, isabelino, en Vergara concluye la guerra al precio de la integración en el Ejército de

71

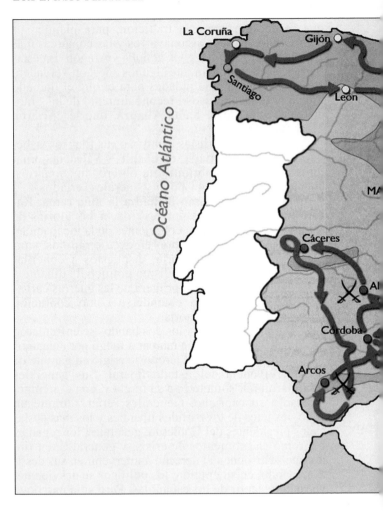

Primera Guerra Carlista (1833-1839). España, aún postergada por la devastación sufrida en la guerra contra el francés, se veía sometida de nuevo a un conflicto que retrasaría aún más su recuperación económica y dificultaría la consolidación en ella de un Estado capaz de servir de herramienta al progreso del país.

los oficiales rebeldes y la preservación de los fueros vascos. Pero el carlismo no muere; tan solo se adormece para despertar una y otra vez a lo largo de la centuria, condicionando sin cesar la marcha de un Estado debilitado por la falta de consenso entre sus defensores.

Este fue el mayor problema del liberalismo hispano, y sus primeros indicios se aprecian ya en 1834. La amenaza carlista impone entonces la firma de un acuerdo entre quienes sostienen el trono. El Estatuto Real, obra del moderado Francisco Martínez de la Rosa, trataba de alcanzarlo incluyendo algunas ideas liberales sin asustar a los más timoratos reformistas. No era, en el fondo, sino una convocatoria de Cortes, que la reina otorgaba sin renunciar a nada. La novedad era que esas Cortes eran bicamerales, y que, aunque se reservaba la Cámara Alta, o de *Próceres,* a aristócratas y potentados, serían los españoles quienes, mediante un sufragio muy limitado, elegirían a los *procuradores* de la Cámara Baja.

Pero el acuerdo no fue posible. Los que aceptan el texto, llamados *moderados,* no son verdaderos liberales; buscan, en realidad, un pacto con el viejo orden que integre en un sistema político, formalmente liberal, elementos que le son ajenos. Rechazan la jerarquía de la sangre y reivindican la riqueza y el talento como artífices de las diferencias sociales, pero aceptan que la nación comparta su soberanía con el monarca; reservan a la Iglesia la hegemonía sobre las conciencias y justifican la limitación de los derechos individuales en defensa del orden establecido. Burgueses acomodados, o medianos propietarios con mentalidad de terrateniente, sus ideas sirven a sus intereses de clase dirigente natural tentada por el pacto con las élites tradicionales, cuyo brillo todavía les deslumbra.

Frente a ellos se alzan los verdaderos liberales, ahora llamados *progresistas.* Oficiales, funcionarios, periodistas, clases medias urbanas, a medio camino entre la sociedad tradicional y la moderna, se consideran herederos de los doceañistas gaditanos. Pero el tiempo también ha pasado para ellos. Aunque miran con recelo la influencia de la Iglesia y defienden con energía la soberanía nacional, la libertad de imprenta y las Cortes elegidas por los ciudadanos, no reclaman ya el sufragio universal, y aceptan, junto a una cámara representativa, el Senado de generales, obispos y aristócratas.

La historia del reinado de Isabel II será la saga del turno en el poder de moderados y progresistas, que tienen en común más de lo que aparentan. Ambos son partidos de cuadros, cuya actividad se limita a las discusiones en círculos y casinos; organizaciones regidas por generales transmutados en políticos por la conjunción entre las necesidades de la guerra carlista y la debilidad de unas clases medias incapaces de vertebrar por sí solas el Estado liberal; estructuras corruptas, que impiden a la opinión pública en desarrollo intervenir en la formación real de las mayorías parlamentarias. Será el entorno de la Corona, en una perversa inversión del parlamentarismo, el que las determine, y los ministros bendecidos con su confianza quienes las fabriquen mediante la manipulación electoral. Y como la Corona casi nunca escoge a los políticos más avanzados, se sienten estos legitimados para apelar a la violencia popular y tomar por la fuerza lo que de grado se les niega, haciendo imposible la estabilidad necesaria para el progreso del país.

Con todo, España avanza de la mano de los Gobiernos liberales. El primer cambio llega pronto, forzado por las necesidades impuestas por la guerra civil, pues eso era la primera guerra carlista. La falta de recursos impedía la derrota del carlismo, encastillado en la fortaleza natural de sus montañas. Cayó así el Gabinete Martínez de la Rosa y, al poco, el presidido por José María Queipo de Llano, séptimo conde de Toreno. Las masas, descontentas, exigían reformas. En 1835, una violenta revuelta conducía al poder a los progresistas. Uno de sus líderes, Juan Álvarez Mendizábal, asumió al fin que para vencer a los carlistas era necesario dotar al Estado del dinero necesario para reclutar un ejército fuerte. Para ello, subió los impuestos; usó crédito extranjero, y, sobre todo, puso al fin en marcha una amplia desamortización de las tierras de la Iglesia. Toda la propiedad rústica del clero regular pasó a manos del Estado, se dividió en pequeños lotes y fue subastada. Con ello, el político progresista pretendía obtener fondos para derrotar al carlismo, pero también modernizar unos campos que languidecían en manos de rentistas despreocupados y crear una nueva clase social de pequeños propietarios agrícolas que, agradecidos al régimen que les había favorecido, se convirtieran en su sostén. Sin embargo, solo el primero de estos objetivos se alcanzó. Las fincas terminaron en manos de burgueses que tardaron bien poco en arrendarlas, con lo que no hubo inversión alguna en mejoras técnicas. Los rendimientos siguieron siendo tan bajos que ni la población contó con alimento suficiente para apuntalar su crecimiento, ni la industria con los capitales necesarios para financiarla.

Además, la regente, que simpatizaba poco con las reformas, destituyó a Mendizábal y disolvió las Cortes. El Ejército y el pueblo mostraron en seguida su descontento, pero fue el *Motín de los Sargentos* del propio palacio de La Granja, el 12 de agosto de 1836, lo que convenció a María Cristina, que llamó de nuevo al poder a un progresista. El flamante jefe del Gobierno, José María Calatrava, comprendió que solo una reforma global del Estado permitiría seguir adelante con su programa sin injerencias regias. Por ello convocó comicios constituyentes, y de ellos nació una nueva Carta Magna.

La Constitución de 1837 parecía una versión más templada de la de 1812. Los progresistas garantizaban los derechos del individuo y la soberanía nacional, y colocaban al Gobierno, nombrado por el rey, al albur de unas Cortes que podían derribarlo. Pero también renunciaban al sufragio universal y a la Cámara única, y aceptaban la oficialidad del catolicismo. Sobre el papel, se abría la puerta a un mínimo consenso sobre las reglas del juego político que habría permitido gobernar a ambos partidos. Pero los moderados rechazaron el acuerdo. En cuanto regresaron al poder, trataron de reservarse los ayuntamientos, clave de las mayorías parlamentarias, por medio de una legislación electoral contraria a la Constitución. El resultado fue una nueva oleada revolucionaria, tan intensa ahora, que derribó no solo al Gobierno, sino a la propia regente, que, negándose a sancionar el programa que le presentaron los progresistas, prefirió el exilio.

En 1840, el régimen parecía hallarse en un callejón sin salida. La presencia de un regente en tanto la reina Isabel II no alcanzara la mayoría de edad era imprescindible, pues le competían vitales funciones constitucionales. Entonces se optó por hacer explícito lo que hasta entonces era tácito: los militares, que ejercían el poder desde la sombra, pasarían a ejercerlo a plena luz. El más prestigioso de los generales progresistas, Baldomero Espartero, vencedor sobre el carlismo, se convirtió en regente.

Fue una solución poco afortunada. El respaldo con que contaba el general era exiguo y disminuyó aún más con el tiempo. La Iglesia criticó en seguida su anticlericalismo. Los vascos, que sufrieron el recorte de sus fueros, lo abandonaron también. Su furibundo librecambismo irritó a la burguesía textil barcelonesa, y al poco a todos los catalanes, descontentos con su centralismo dogmático. El bombardeo de la Ciudad Condal, en respuesta a la insurrección general de

Cataluña, fue la gota que colmó el vaso. Hacia 1843 estaba ya organizada una conspiración en la que, junto a los generales moderados, acaudillados por Ramón María Narváez, figuraba una nutrida representación progresista. El 2 de agosto, el regente abandonaba España y el problema que había conducido a su nombramiento se reproducía. Temerosas ante el vacío de poder, las Cortes optaron por declarar mayor de edad a la reina, que contaba entonces trece años.

La construcción del Estado liberal

Bajo el reinado directo de Isabel II, entre 1843 y 1868, prosigue, a mayor ritmo, la construcción del Estado liberal iniciada en las Cortes de Cádiz y continuada durante el Trienio Liberal, entre 1820 y 1823, y las regencias de María Cristina y Espartero. Sin embargo, los vicios apuntados en años anteriores no harán sino afirmarse. El nuevo Estado no servirá a otros fines que al interés de los grupos sociales dominantes, una desigual coalición de nobleza, clero y burguesía, que hunde las raíces de su poder en el latifundio meseteño, se amplía luego con la industria catalana —unida a aquel, a pesar de las apariencias, en su proteccionismo furibundo y en su cerrazón a las reformas democráticas— e, incapaz de mirar al futuro, abraza todavía con interesado fervor católico la mentalidad tradicional.

De ahí que en las instituciones nacientes arraigue con fuerza un perverso equilibrio entre tres agentes de cuyo juego nace la historia política, social y económica del ochocientos en España: la Corona, los partidos dinásticos y el Ejército. Fuera del sistema quedan los carlistas, por la derecha, y, por la izquierda, demócratas y republicanos desprendidos del progresismo. La Corona es el *poder moderador* y lo ejerce a través de la prerrogativa de conceder a un político la responsabilidad de organizar las elecciones. Sin embargo, la reina, frustrada por un matrimonio sin amor —dicen que, preguntada por el diplomático León y Castillo acerca de su noche de bodas, respondió: «¿Qué voy a decirle de un hombre que llevaba en su camisa más bordados que yo en la mía?»—, caerá en manos de su camarilla y, arrastrada por sus prejuicios, usará casi siempre esta facultad en favor de los moderados, dejando a los progresistas la violencia como único camino posible para acceder al poder. Los partidos dinásticos no lo hacen mejor. No representan a la opinión pública. Es el ministro de la Gobernación el que, por medio de negociaciones con los líderes regionales y locales, hace elegir en cada distrito al candidato decidido de antemano. El resultado electoral es obra del Gobierno, no a la inversa. Para cerrar el círculo, el Ejército asume un papel que no le corresponde. Convertidos, como dijimos, los generales en jefes de partido, hacen muy fácil que los pleitos políticos terminen dirimiéndose en el campo de batalla, tanto más cuanto los progresistas, excluidos del poder, cuentan también con generales que simpatizan con su causa. Cada cambio de Gobierno exige una revuelta; cada revuelta, una batalla; cada batalla, una victoria.

El resultado de todo ello es una crónica de inestabilidad, que no puede sino ralentizar el progreso del país. Los primeros años del reinado conocen tan solo el gobierno de los moderados, dirigidos por el general Narváez, vencedor de Espartero en 1843, que se entregan a la tarea de diseñar un régimen a su imagen y semejanza. En 1845, una nueva Constitución hace al rey partícipe de la soberanía de la nación, minando así el principio básico del liberalismo. La protección de los derechos individuales se debilita, se subraya la confesionalidad del Estado y crecen los obstáculos para la aprobación de leyes contrarias a los intereses de los grupos dominantes. El Congreso, elegido por sufragio censitario, que limita el derecho al voto a quienes disfrutan de rentas elevadas, representa tan solo al 1 % de la población, que vota en distritos pequeños, fáciles de controlar por las autoridades. Y el Senado, nombrado por la Corona entre altos funcionarios, burgueses ricos, obispos, militares y aristócratas, garantiza un segundo valladar contra los posibles radicalismos que pudieren sortear las defensas del Congreso.

Un Estado centralizado y confesional empieza a ver la luz. En 1851, un nuevo concordato expía los pecados del nuevo régimen con la penitencia de sostener a la Iglesia y hacer de ella la señora eminente de la educación y la cultura del país. La creación de la Guardia Civil sirve al Gobierno central como garantía de la aplicación de las leyes en todo el territorio, pero también de la defensa del orden y la propiedad. En los municipios de más de dos mil habitantes, el alcalde es nombrado por el Gobierno. En 1847 se aprueban un Código Penal y una ley de Enjuiciamiento Civil únicos para todo el país y comienza a discutirse un proyecto de Código Civil. El papel de los gobernadores civiles y militares y las diputaciones provinciales se refuerza. Los grandes cuerpos de funcionarios públicos se ordenan y racionalizan. Los tributos se refunden en cuatro, encabezados por el impopular impuesto indirecto *de Consumos,* que grava la adquisición de cualquier bien. Por último, el sistema educativo queda bajo control del Estado, que se enseñorea de las escuelas, los institutos y las universidades, e implanta al fin una carrera docente basada en las oposiciones y en una escala uniforme de salarios.

Pero la oposición no ha muerto. Por la derecha, el carlismo trata de nuevo de obtener sus objetivos por la fuerza de las armas. En 1846, la sublevación catalana de los *Matiners** daba inicio a la segunda guerra carlista. Durante tres años, las partidas mantuvieron su actividad en el campo catalán con algún apoyo de la población rural, pero la falta de recursos condujo al fracaso a esta nueva intentona. Por la izquierda, la Revolución de 1848* apenas se notó en España. Sin embargo, las escasas manifestaciones y huelgas sirvieron de pretexto a Narváez para suspender las garantías constitucionales y entregarse a la represión. No debe sorprendernos, pues, que, según cuenta la tradición, el enérgico general, ya en su lecho de muerte, cuando el capellán que le confesaba le preguntó si perdonaba a sus enemigos, le contestara: «No puedo perdonar a ninguno porque los he matado a todos».

A pesar de todo, incluso Narváez tuvo que rendirse a la evidencia de su impopularidad y dimitió en 1851. Le sucedió Juan Bravo Murillo, quien trató sin éxito de hacer realidad un régimen autoritario dirigido por tecnócratas. Pero el descontento popular crecía y el régimen parecía incapaz de responder. La revolución de 1854 pondría fin a la Década Moderada.

LA REVOLUCIÓN FRUSTRADA

La de 1854 fue, valga la paradoja, una revolución tradicional: un pronunciamiento de generales conservadores que se aprovecharon del descontento popular provocado por el fuerte aumento del precio del trigo. Su jefe, el general Leopoldo O'Donnell, no pudo derrotar a las tropas gubernamentales en el entonces madrileño pueblo de Vicálvaro. Pero la pluma de Antonio Cánovas del Castillo llegó más lejos que la espada de su jefe. El *Manifiesto de Manzanares**, que se comprometía a reducir los impuestos y reformar las leyes electorales y de imprenta, provocó un estallido revolucionario en julio de 1854. La reina llamó entonces al viejo líder progresista, el general Espartero, mientras O'Donnell se convertía en ministro de la Guerra.

Se iniciaba así el *Bienio Progresista,* nuevo y efímero intento de configurar un régimen sensible a las demandas de las clases medias excluidas del poder por los moderados. Con ese objetivo, una nueva Constitución, la de 1856, planeaba restaurar la soberanía nacional, derechos individuales amplios y garantizados, Cortes capaces de frenar a la Corona —con un Senado otra vez electivo— y ayuntamientos libres del control del Gobierno. Sin embargo, nunca entró en vigor. Aprobada por las Cortes, su puesta en marcha fue aplazándose como resultado de la agitación generalizada hasta que el general O'Donnell decretó su anulación y confirmó la plena vigencia de la Constitución de 1845.

Pero hubo tiempo para muchas cosas. En mayo de 1855, Pascual Madoz concluía la desamortización. Toda propiedad rústica y urbana perteneciente a la Iglesia, Estado y municipios salió a subasta pública. En junio, la ley general de Ferrocarriles introducía ayudas y desgravaciones fiscales para las empresas que realizasen inversiones en vías y estaciones. En enero de 1856, la ley de Sociedades Bancarias y Crediticias promovía la entrada de capitales y facilitaba su libre circulación, permitiendo la aparición de bancos y sociedades de crédito por toda España. El progreso económico del país se aceleró gracias a estas medidas, pero el Gobierno no logró consolidarse. Por una parte, la unidad de los progresistas se cuarteaba. En 1849, su izquierda, indignada con la represión de Narváez, se había desligado del progresismo para fundar el Partido Demócrata, que defendía el sufragio universal, la intervención del Estado en las relaciones laborales y la defensa de los derechos de reunión, asociación e instrucción básica. Los mismos demócratas estaban divididos. Muchos eran monárquicos, pero algunos defendían ya la república, y los que se inclinaban a aliarse en las Cortes a los progresistas se enfrentaban a quienes confiaban solo en las masas. Por si fuera poco, de la derecha del progresismo comenzó a desligarse una opción encabezada por O'Donnell, que, temeroso de los excesos radicales de los demócratas, propugnaba el acercamiento al sector más abierto de los moderados. Esta corriente se constituyó en partido bajo el nombre de Unión Liberal, y su propia existencia generó tensiones entre los progresistas que aún quedaban, que se dividieron de nuevo.

La descomposición del progresismo fue acelerada por la incapacidad del Gobierno para mantener el orden público, alterado por una epidemia de cólera, el alza de precios del trigo y el estallido de los primeros conflictos laborales en Cataluña. Así, en julio de 1856, la reina aceptó la dimisión de Espartero y nombró primer ministro a O'Donnell, que sería la figura central del Gobierno entre 1858 y 1863. Su partido, la Unión Liberal, carecía de definición ideológica más allá de su deseo de preservar el orden y modernizar el país. Pero con él vio la luz el intento más firme de alcanzar un acuerdo sobre las reglas del juego político que permitiera alejar a España de su inestabilidad crónica. Por ello se condujo con flexibilidad y moderación, y, durante un tiempo, un clima de tolerancia y respeto pareció adueñarse de la política española. Por desgracia, se trató, una vez más, de un espejismo que solo se mantuvo mientras duró la prosperidad.

Por suerte, la prosperidad duró algún tiempo. Por unos años, continuó la construcción de líneas férreas, la especulación bursátil y la creación de bancos y sociedades financieras. La industria textil catalana se expandía y surgían los primeros altos hornos en el País Vasco. Incluso la política exterior se contagió de una cierta vitalidad. España parecía al fin dispuesta a recuperar el peso perdido en el mundo. Sin embargo, el criterio predominante fue la búsqueda rápida de prestigio en el exterior y el deseo de inflamar los sentimientos patrióticos en el interior, no la reflexión tranquila sobre los intereses estratégicos del país. Por ello, O'Donnell se lanzó a absurdas aventuras que llevaron a nuestros maltrechos ejércitos desde Indochina al Pacífico, pasando por Marruecos, México y la isla de Santo Domingo, empresas onerosas y simbólicas de las que se obtuvo escaso o nulo beneficio tangible.

LA GLORIOSA*

Hacia finales de 1862, el gobierno de la Unión Liberal perdía fuelle. La prosperidad se terminaba. La falta de algodón americano y el descenso de las inversiones extranjeras, que paralizaron la construcción de ferrocarriles, aumentaban día a día el descontento popular. Los partidos se alejaban de O'Donnell. El progresismo, harto de servir de comparsa, se había retraído; demócratas y republicanos, e incluso un sector del Ejército, volvían a recurrir a la conspiración, y la propia Unión Liberal, desgastada, se arrojaba en brazos de la reacción conservadora. El general dimitió al fin en marzo de 1863 y la reina llamó de nuevo a Narváez, que no hizo sino agravar las cosas. Su acendrado autoritarismo terminó de convencer a la oposición de que no quedaba otro camino que la revolución. Dos sucesos aceleraron el proceso. La *Matanza de la Noche de San Daniel,* el 10 de abril de 1865, supuso la muerte de algunos estudiantes que protestaban contra la brutal mordaza impuesta por el Gobierno a la Universidad. El 22 de junio de 1866, el madrileño cuartel de San Gil, donde se habían amotinado mil doscientos artilleros, fue tomado al asalto por las tropas de O'Donnell, que provocaron sesenta muertos. Mientras, las Cortes permanecían cerradas y cualquier opositor se arriesgaba a ser perseguido. El régimen no daba más de sí. En el mes de agosto de 1866, el Pacto de Ostende comprometía a progresistas, demócratas y republicanos en un complot que debía resolverse en la convocatoria por sufragio universal de unas Cortes Constituyentes llamadas a decidir sobre la forma de gobierno de la nación. Muerto O'Donnell, al año siguiente, incluso la Unión Liberal se sumaba al pacto. La suerte estaba echada.

En pocas palabras, la revolución que se preparaba era el resultado de la confluencia de múltiples factores que venían actuando desde hacía tiempo. La crisis económica, fruto de las malas cosechas y los efectos sobre la industria textil de la guerra civil estadounidense, generaba desempleo y aumentos constantes de los precios. Tanto la burguesía como los obreros y campesinos tenían, pues, sólidos motivos para el descontento con un régimen que parecía despreocuparse de su situación, atento tan solo a la preservación obsesiva del orden público. Los militares, que recordaban los sucesos de San Gil, tampoco simpatizaban ya con la reina Isabel II. Y, como novedad, había ahora una oposición distinta, que no se conformaba ya con llegar al poder, sino que deseaba hacerlo para cambiar las cosas. Por primera vez, la voz de las clases medias urbanas y de los obreros, grupos más numerosos ahora que cuarenta años atrás, tenían en demócratas y republicanos una fuerza que hablaba en su nombre.

Por ello, la Revolución de septiembre de 1868 fue distinta de las anteriores. Lo fue en sus causas, que mezclan la crisis tradicional de subsistencias con la moderna crisis industrial y financiera. Y lo fue en su desarrollo, que se inició como un pronunciamiento militar como tantos otros del siglo XIX, encabezado por los generales Francisco Serrano y Juan Prim y el almirante Juan Bautista Topete, pero llegó a ser algo más cuando los partidos entregaron armas a la población y organizaron los *Voluntarios de la Libertad* para apoyar a los militares golpistas y evitar que se desviaran del camino trazado.

Prim, Serrano y Topete en una caricatura publicada por un diario de la época. Una vez más, era el Ejército quien se arrogaba la representación de la voluntad nacional e intervenía con las armas en la mano para enderezar o torcer los derroteros del país. En ese sentido, aunque solo en ese, la revolución de 1868 no fue muy distinta de las anteriores.

El 28 de septiembre, Serrano derrotaba a las tropas leales a Isabel II en la batalla de Alcolea. Al día siguiente, la reina abandonaba España, y el 8 de octubre se formaba un Gobierno provisional presidido por Serrano, con Prim como ministro de Gobernación. El gabinete asumió entonces el programa rebelde; decretó la disolución de las juntas; ordenó la entrega de las armas, y sustituyó por personas fieles a alcaldes y gobernadores civiles. Asegurados así los resortes del poder, llamó a todos los ciudadanos varones mayores de 25 años a participar en las elecciones a Cortes Constituyentes.

Todo se cumplía según lo previsto. Pero las contradicciones del movimiento revolucionario estallarían pronto. Una gran brecha separaba a los monárquicos —unionistas, progresistas y demócratas— de los republicanos. Al vencer en las elecciones los primeros, el régimen se modeló de acuerdo con sus postulados. La Constitución de 1869, moderna y avanzada, apuesta por la soberanía nacional, encarnada en unas Cortes bicamerales elegidas en su integridad por sufragio universal, como los ayuntamientos y las diputaciones. La división de poderes es muy radical. El legislativo reside en las Cortes; el ejecutivo, en el Gobierno, responsable ante ellas, y el judicial, en jueces independientes elegidos por oposición. La Declaración de Derechos es muy exhaustiva, tanto, que quedaba vedada su limitación mediante ley específica. Además, se trata ya de derechos democráticos: expresión, residencia inviolable, enseñanza, y, sobre todo, libertad de conciencia y cultos y derechos de reunión y asociación. El rey, en fin, carece de verdadero poder político, ya que no posee competencias legislativas, y los ministros que nombra son plenamente responsables ante las Cortes, que pueden derribar al Gobierno.

Desde una perspectiva democrática, la Constitución es, por tanto, irreprochable. Los republicanos no se sienten representados en ella, pero esto no pareció importar al principio. Con Serrano de regente y Prim como presidente del Gobierno, el régimen se aprestaba al trabajo. Había que desarrollar la Carta Magna, buscar un nuevo rey y dar estabilidad al remozado Estado. Una tras otra en apenas dos años, vieron la luz las leyes fundamentales, mientras los nuevos aires alcanzaban también a la economía, que abandonaba el proteccionismo y parecía consolidarse de la mano de una nueva unidad monetaria: la peseta. Más difícil fue la tarea de encontrar un monarca. Prim tuvo que descartar una opción tras otra hasta que, en 1870, logró que Amadeo de Saboya, hijo del rey italiano Víctor Manuel, aceptase el trono.

Aquí comenzaron los problemas. El recibimiento que Madrid tributó al rey Amadeo de Saboya fue tan frío que el flamante monarca exclamó compungido: «¡Parece que hemos hecho un viaje a la Luna!». Tampoco lograría el soberano la colaboración leal de los partidos, que, siguiendo la costumbre, trataron de lograr para sí sus simpatías antes que el apoyo del pueblo. Y a la división y la inmadurez de las fuerzas políticas vino en seguida a sumarse el fortalecimiento de la oposición. Los grandes propietarios recelaban de la democracia, a la que consideraban peligrosa para sus intereses. Los industriales y financieros temían el librecambismo con que se había identificado el régimen y desconfiaban de su capacidad para mantener el orden público. La Iglesia rechazaba tanto una Constitución que respaldaba la libertad de cultos como un rey nacido en un país, Italia, que al apropiarse de los Estados Pontificios, acababa de privar al papa de su reino en este mundo. Y los obreros, cada vez más numerosos y organizados, en seguida se desencantaron con un Gobierno del que lo habían esperado todo. La oposición tradicional al liberalismo, como era de esperar, lo fue también, y con mayor ímpetu, de la democracia. El carlismo se benefició del ascenso al trono de un soberano extranjero, al que se sumó el apoyo de una parte del clero irritado por el laicismo de la Constitución. Envalentonado, se lanzó a una nueva guerra civil, la tercera guerra carlista, que contribuyó a minar aún más la estabilidad del régimen. Mientras, en el seno de los desencantados republicanos ganaban posiciones los partidarios de la insurrección violenta, alimentando revueltas urbanas que favorecían el rechazo a la democracia de las clases acomodadas, siempre temerosas del desorden. Y, para dar la puntilla al régimen, estallaba en Cuba una insurrección tras la que latían los intereses complementarios de los plantadores y sus compradores estadounidenses y la clara imprevisión de unos Gobiernos que se habían negado siempre a la autonomía política y la abolición de la esclavitud. La guerra, que duraría diez años, forzó un aumento de los impuestos y del reclutamiento, lo que intensificó el descontento de las capas populares de la población.

El 11 de febrero de 1873, Amadeo I renunciaba al trono, harto de un país que no entendía ni le entendía.

Esa misma noche, las Cortes proclamaban la Primera República. Era la única salida. No cabía pensar en buscar otro rey y la mayoría de la Cámara, sin ser republicana, consideraba urgente defender la democracia.

Pero el nuevo régimen tampoco se consolidó. Solo lo reconocieron Estados Unidos y Suiza. Para la mayoría de los Estados, la República española era peligrosa por su radicalismo, que quizá podía contagiarse a sus ciudadanos. Más determinante fue la división entre los mismos republicanos. Los había unitarios, partidarios de un Estado centralizado, y federalistas, defensores de la descentralización. Los había liberales, que sostenían que la democracia sería suficiente para garantizar el progreso social, y socialistas, que defendían la intervención estatal para atenuar las desigualdades. Los había, en fin, legalistas, que confiaban tan solo en los cauces parlamentarios, y radicales, apóstoles de la insurrección violenta. Pero lo más grave era que todos ellos se arrogaban el derecho a imponer por la fuerza su concepción de república, negándose a colaborar con un Gobierno de signo contrario.

Así las cosas, no sorprende que el régimen tuviese cuatro presidentes en menos de un año. El primero, Estanislao Figueras, afrontó ocupaciones de tierras en Andalucía, el brote inicial de la insurrección cantonalista* y dos intentos de golpe de mano de los radicales. Celebrados nuevos comicios, el Parlamento resultante proclamó la república federal. Figueras dimitió y un federalista, Francesc Pi i Margall, fue elegido en su lugar. Las Cortes aprobaron entonces una nueva Constitución, que dividía el país en 17 estados y lo dotaba de un Parlamento bicameral, en el que el Senado representaba a los territorios federados, y un Tribunal Supremo formado por tres magistrados de cada uno de ellos. La democracia se profundizaba con un derecho de asociación más amplio que en 1869 y una definición laica del Estado. Pero la Constitución de 1873 jamás entraría en vigor. La extensión del cantonalismo, las revueltas obreras y el avance carlista forzaron la dimisión de Pi i Margall. Ya solo interesaba mantener el orden. El nuevo presidente, Nicolás Salmerón, dio poderes al Ejército, pero, obligado a restablecer la pena capital, dimitió antes que firmar ninguna. Le sucedió Emilio Castelar, que acentuó la línea autoritaria de su predecesor. Los derechos constitucionales y las mismas Cortes fueron suspendidos. Cuando volvieron a reunirse, el 2 de enero de 1874, su primer acto fue la destitución de Castelar. Pero, mientras se votaba un nuevo presidente, el general Manuel Pavía entraba en el edificio y anunciaba un Gobierno provisional presidido por el general Serrano. La República había concluido y, con ella, el primer experimento democrático español.

LA INERCIA DE UNA SOCIEDAD

Visto todo ello, cabe dudar de que España estuviese aún preparada para la democracia. El crecimiento de la población, el desarrollo de la agricultura y el despegue de la industria estaban llevando a Europa por el camino del progreso. Se trataba de un progreso injusto, que cargaba su peso, desaparecidos por obra del liberalismo los sistemas medievales de protección de los humildes —poco eficaces, pero existentes al menos—, sobre unos obreros inermes ante la libertad económica ilimitada. Era también un progreso incompleto, pues por doquier subsistían restos poderosos de las viejas fuerzas, en la economía, en las mentalidades, en la política. Pero la persistencia del Antiguo Régimen no poseía ya la enérgica vitalidad de lo emergente, sino la agónica obstinación de lo moribundo. El signo de los tiempos era la creciente riqueza, el cambio constante, el progreso ilimitado, la fe, optimista e ingenua, en el futuro.

¿También en España? No del todo. Durante el XIX, el país progresa, pero más despacio, con menos continuidad y mayores desequilibrios que las naciones más prósperas. La población crece, pero menos, apenas un cincuenta por ciento en los setenta años que median entre Godoy y la Gloriosa. Las guerras continuas; el cólera, la tuberculosis, la gripe y el sarampión, fruto de la miseria y la incultura; la emigración a África y a América; las pobres cosechas de cereal, siempre al albur de un clima voluble; la falta de horizontes... Era la misma condena de antaño. La agricultura, esclava de las viejas técnicas, hambrienta de capitales, entregada a gentes sin espíritu de empresa, que buscan en ella tan solo las rentas del campesino exhausto, su eterno arrendatario, apenas cambia su paisaje. La producción se estanca. Los campos no ofrecen ni aun pan bastante para las nuevas bocas. La desamortización ha arrebatado a la Iglesia un patrimonio ingente. Diez millones de hectáreas han cambiado de amo. Pero el dueño burgués no es distinto del clérigo o del aristócrata. Es un rentista, no un empresario; conserva, no acrecienta. Por ello la revolución agrícola se retrasa, y el campo español no podrá cumplir con la industria nacional su misión histórica. No servirá de mercado para unas máquinas que no cree necesitar; no saldrán de él brazos que buscan en la fábrica el futuro que el agro mecanizado y ahíto de hombres no puede ya asegurar; no gestará su vientre improductivo generosos capitales prontos a engrasar las ruedas de la industria; no le ofrecerá abundantes materias primas para alimentar su voraz apetito, ni comida para saciar los estómagos hambrientos de un proletariado creciente que no produce ya su propio alimento. La agricultura hispana no impulsa la revolución industria; la retrasa y siembra de obstáculos su camino.

Pero el lento progresar de la industria española no es fruto exclusivo de la parálisis del campo. El país,

montañoso y con ríos apenas navegables, no ofrecía
comunicaciones fluidas y sencillas. El mercado unifi-
cado, que brinda a la industria nacional una demanda
constante y segura, solo verá la luz, más que mediado
ya el siglo, de la mano del ferrocarril, sembrado en
nuestros campos como una planta extraña, que rendirá
sus frutos al capital extranjero. Y nacerá raquítico, hijo
como era de una población todavía escasa y pobre que
poco podía adquirir. Es cierto que el subsuelo era rico
aún. Plomo, cinc, cobre y hierro había para alimentar a
la industria naciente, pero el carbón, que nutre las
primeras máquinas, es en España mediocre de calidad,
difícil de extracción y más caro que el inglés. Y las
colonias, que hubieran podido ampliar ese mercado
que la industria necesita y ofrecerle el carbón y las
materias primas que aquí faltaban, perdidas sin remedio a comienzos de siglo, servían ahora a mayor riqueza de la economía inglesa. El atraso técnico del
país, que se arrastraba ya por dos centurias, y la baja
instrucción de una población en su mayoría analfabeta
suponían también un obstáculo al progreso de la industria. Y no lo era menos la escasez de capital, que ni la
exangüe agricultura ni la plata americana, perdida
décadas atrás, podían aportar.

Con todo, no era eso lo peor. La población podía
instruirse. El capital podía obtenerse. El carbón y las
materias primas podían llegar de fuera. Lo que no podía
brotar de repente era el agotado espíritu emprendedor.
Y menos aún una clase política responsable y presta a
compensar las carencias del país. Los Gobiernos españoles olvidaron crear un sistema educativo capaz de
desterrar el analfabetismo; no se acordaron de movilizar los capitales enterrados en una deuda pública demasiado rentable y una agricultura que funcionaba antes
como reserva de estatus social que como factor de dinamismo económico. Bien al contrario, recordaron siempre proteger de los benéficos efectos de la competencia

internacional a una agricultura improductiva y una industria adormilada, desanimando la inversión y ralentizando el ritmo de crecimiento del país.

Crecieron así las fábricas a trompicones, dejando grandes vacíos al tejer su tela de araña sobre las tierras de España. Hacia 1830, solo Cataluña poseía hilaturas, que no dejaron luego de crecer, amparadas por los aranceles que gravaban los tejidos extranjeros. Más tarde surgen la siderurgia andaluza y asturiana, que lanzan un hierro caro, pero de gran calidad, que apenas hallaba comprador, ajenos los campos a todo avance técnico, limitado el textil a tierras catalanas, entregado el ferrocarril al extranjero que compra en su país máquinas y rieles. Y las minas, cedidas también a británicos y franceses, rendirán beneficios fuera de España, que, aún en puertas de la revolución industrial, no es consciente del tesoro que guarda. Así, poco a poco, algunas islas de modernidad brotan en medio de un mar de arcaísmo, conformando una economía dual, cada vez más desequilibrada, pronta a producir funestas convulsiones sociales en las que se mezclarán lo nuevo y lo viejo.

Y es que la sociedad está cambiando también. El Antiguo Régimen no muere de repente; sobrevive, de algún modo, en el seno de una sociedad que, poco a poco, va amoldándose a los cánones capitalistas y burgueses. No existen ya estamentos ni privilegios; la ley es una y, sobre el papel, igual para todos. Pero nuevos muros, construidos con los ladrillos de la riqueza y la cultura, abren abismos entre las personas. Las clases populares, campesinos aún en su inmensa mayoría, reciben poco y pierden mucho. La desamortización arrebata las tierras a la Iglesia, pero las entrega a burgueses y aristócratas, nuevos amos que no cobran ya diezmos ni primicias, pero imponen contratos más cortos y rentas más altas. Las viejas tierras comunales son ahora privadas. Ya no se reparten entre los vecinos por un módico alquiler, ni pastan en ellas los pequeños rebaños que

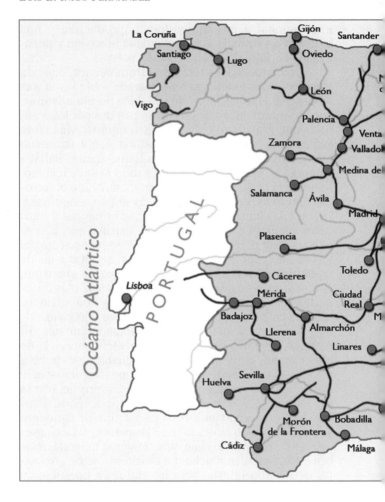

La red ferroviaria española hacia 1880.
Ineficaz, poco densa y extendida por empresas extranjeras,
no sirvió como herramienta de integración del mercado
nacional y su construcción tampoco actuó en demasía como
sector líder, capaz de impulsar la demanda de la industria
siderúrgica y, con ella, el crecimiento global de la economía.

tanto ayudaban al mediano pasar del campesino, que marcha sin remedio hacia la proletarización.

El cambio es menor en la ciudad, donde la despaciosa llegada de la industria permite aún sobrevivir a los artesanos, protegidos por los gremios que les aseguran socorro mutuo, y a la nutrida hueste de empleados del servicio doméstico, engrosada al sumarse las nuevas fortunas burguesas a las rancios ducados de la vieja aristocracia. El proletariado fabril es todavía cosa del futuro. Pero hay excepciones. En Cataluña, la irrupción de las factorías y la competencia capitalista barrerán a los artesanos y harán brotar de sus cenizas una sociedad de burgueses y proletarios. Poco más de cien mil obreros se cuentan en España hacia 1860, la inmensa mayoría en Cataluña; solo algunos en Madrid y en el pequeño enclave industrial malagueño. Pero, aunque pocos, son ya obreros en el sentido pleno del término. Emigrantes forzosos desde un campo que no tiene ya nada que ofrecerles, se hacinan en casuchas miserables que se amontonan sin concierto en los arrabales de las ciudades. Barrios sin agua corriente, sin alcantarillado, sin alumbrado, que destinan a sus moradores a una existencia corta y mísera, de interminables jornadas de trabajo y salarios exiguos, rematada por el postrer sufrimiento de la tuberculosis o el cólera. Obreros sin conciencia de clase, que, como los incendiarios de la fábrica Bonaplata, en 1835, culpan a las máquinas de lo penoso de su condición y descargan su ira contra ellas. Obreros que sueñan con sociedades utópicas, forjadas en las mentes burguesas de visionarios como los franceses Étienne Cabet o Pierre-Joseph Proudhon, precursores del socialismo; ven en las telas inglesas la causa de sus males, o, aún por desengañar, confían en las falaces promesas de progresistas y demócratas, pronto olvidadas a favor de metas más políticas que sociales. La era del sindicalismo de clase no ha comenzado todavía.

Pero no son los viejos artesanos ni los flamantes obreros los únicos habitantes de la ciudad de mediados del XIX. El ochocientos traerá con él una nueva clase media, que suma sus efectivos a los de la tradicional mesocracia campesina de labradores propietarios. Grupos heterogéneos, que juntan, sin mezclarlos, artesanos, oficiales, profesores, médicos, funcionarios, pequeños comerciantes y abogados sin prestigio, parecen condenados a vivir a medio camino entre el proletariado fabril emergente, al que temen, y los opulentos empresarios, a los que imitan. Sin conciencia de clase, aceptan dóciles su pasar mediano, siempre al borde de la miseria, hija del matrimonio entre sus magros ingresos y su mentalidad conservadora, que les impone la esclavitud de la apariencia. Y sufren la tiranía de una vida social que alimentan en espera de ganar de ella un buen matrimonio para la hija, un ascenso para el padre, una pingüe recomendación para el hijo, recetas todas ellas con los que conjurar lo inseguro de su existencia. Conservadores, aunque apartados de la política por el sufragio, casi siempre censitario, sostendrán, por omisión, al régimen que los excluye.

Y, en la cúspide, los beneficiarios del sistema, la nueva clase dirigente nacida de las nupcias por interés entre la vieja aristocracia y la burguesía emergente, una alianza en la que, contra la costumbre, ambos novios aportan dote. La primera trae consigo el prestigio de sus blasones y, por desgracia, la inercia de la mentalidad tradicional, dominada por el apego a la tradición, el amor a la tierra y el desprecio al trabajo y el esfuerzo individual. La segunda abraza estos valores, compra títulos, invierte en tierras y se torna rentista. A cambio, invita a la nobleza a seguirla por el camino de las nuevas formas de riqueza y, sobre todo, le ofrece la fachada de un régimen que, contaminado por los usos y costumbres de la vieja sociedad, no llegará nunca a ser en verdad liberal. La vieja nobleza, la jerarquía eclesiástica, los generales de prestigio y los terratenientes y financieros, vinculados por una férrea endogamia, harán de la Monarquía isabelina un coto cerrado. Y lo gobernarán sin otra meta que el propio beneficio, asegurado por la ignorancia popular, la exclusión de las clases medias, el control de la Iglesia sobre las conciencias y la protección arancelaria de sus negocios e inversiones.

No es muy distinto el panorama que ofrece la cultura. Rasgadas las tinieblas del reinado de Fernando VII, páramo del pensamiento y la creación, por los tenues rayos de luz llegados de la mano de los exiliados que retornan, triunfa el Romanticismo en tierras españolas. Ángel de Saavedra duque de Rivas, Francisco Martínez de la Rosa, Mariano José de Larra, José de Espronceda, Gustavo Adolfo Bécquer y José Zorrilla sacian con sus obras sentimentales y extremas los espíritus de la primera mitad del siglo, famélicos tras una abstinencia tan prolongada. La prensa arroja su mordaza y renace empujada por las tertulias, los círculos y las sociedades liberales. Luego, asentado el nuevo régimen, sosegados un tanto los ánimos, las románticas ensoñaciones dejan paso a una cultura más apegada al mundo real, ocupada en temas cotidianos, no exentos de un tono moralizante de regusto conservador, en los que imprime su sello la necesidad de la burguesía emergente de dejar constancia de su nueva posición social, pero también bélicos, fruto de la urgencia del nuevo régimen de legitimar su proceder desde la historia. Es el signo de un reinado, el de Isabel II, que abraza la faceta más tradicionalista del catolicismo oficial, que asfixia la innovación, llenando los espíritus más inquietos de un ansia obsesiva de novedades que busca colmar con ideas foráneas su permanente insatisfacción. El krausismo, corriente de pensamiento alemán, mediocre y poco original, obsesionado con la responsabilidad ética del individuo ante la sociedad, será llamado a llenar ese vacío por la tremenda necesidad de buscar alternativas al monopolio excluyente de la Iglesia.

RESTAURACIÓN

Mientras, los políticos se ocupaban de sus tareas, ajenos a los afanes de la España real. Disueltas las Cortes republicanas en 1874, el país quedaba en manos de un régimen transitorio presidido por el general Serrano, que se dedicó a combatir a carlistas y cantonalistas. Pero no era más que una solución provisional que en seguida debía dejar paso a una nueva Constitución, pues nadie concebía ya el retorno a un Gobierno sin Parlamento. Otra cosa era la forma que adoptase el nuevo régimen. El recuerdo de los desórdenes y la impotencia que ante ellos habían mostrado sus efímeros gabinetes habían restado credibilidad a la república. Pero no era mayor la que gozaba la monarquía de Isabel II, que había terminado por excluir a la inmensa mayoría de la sociedad. Así, aunque en el seno de las clases acomodadas, y entre los políticos mismos, crecían día a día los partidarios de la restauración borbónica, la elegida no podía ser de nuevo la reina que había provocado la revolución. Pero quizá sí su hijo Alfonso, cuya mayor baza residía en su corta edad. Por ello, aconsejado por Antonio Cánovas del Castillo, antiguo militante progresista templado ahora por las canas a quien vimos escribir nada menos que el Manifiesto de Manzanares, el príncipe lanzó una proclama, el Manifiesto de Sandhurst, en la que reconocía los errores de su madre y se comprometía a no repetirlos. La suya —aseguraba— habría de ser una Monarquía dialogante, capaz de ganarse a todos los españoles, asumiendo y moderando a un tiempo los logros fundamentales de la breve experiencia democrá-

Retrato de Antonio Cánovas del Castillo, por Casado del
Alisal. Miembro de la Unión Liberal, y diputado por Málaga
en las Constituyentes de 1854, fue gobernador civil de
Cádiz, ministro de Gobernación y de Ultramar antes
de proclamarse la I República. Tras la revolución de 1868,
redacta el Manifiesto de Sandhurst y da forma al régimen de
la Restauración, un sistema bipartidista en el que los fraudes
electorales orquestados por los caciques regionales y locales
aseguraban la alternancia en el poder como garantía de paz y
estabilidad. Desempeñó hasta en siete ocasiones
la presidencia del Consejo de Ministros bajo Alfonso XII.
Murió asesinado en 1897.

tica que el país había vivido entre 1868 y 1874. Cuando el Ejército, por boca del general Arsenio Martínez Campos, que se pronunció en Sagunto en diciembre de ese último año, le expresó su apoyo, la suerte quedó echada. Cánovas formó Gobierno y se dispuso a dar forma al nuevo régimen.

Llegaba así al poder uno de los políticos más capaces con que haya contado nunca España. Su análisis de la realidad nacional era certero. El país —pensaba— no podía seguir por más tiempo oscilando entre la revolución y la reacción, en un conflicto interminable en el que ninguno de los dos bandos era capaz de alzarse con el triunfo. Debía, por el contrario, alcanzar por fin un consenso duradero acerca de los principios básicos sobre los que edificar la convivencia colectiva. Había que conservar, desde luego, pero conservar con inteligencia, sin cerrar la puerta a lo nuevo, sino introduciéndolo poco a poco en lo viejo. Las teorías de poco servían: las hermosas ideas casi nunca prosperaban en la realidad. Había que ir a lo práctico, a lo *hacedero,* buscando siempre el difícil punto de equilibrio en el que se conciliaran tradición y cambio, catolicismo y liberalismo, propiedad y libertad, orden y progreso. No cabía ir más allá de lo que la madurez del país permitía. La democracia no parecía posible aún. Pero tampoco bastaba el liberalismo, al menos en su versión isabelina. Había que rebasar las limitaciones ideológicas de los moderados, que habían dado al traste con Isabel II al dejar fuera del régimen a la gran mayoría de las fuerzas políticas y sociales. Resultaba perentorio, pues, definir hasta dónde se podía llegar, construir allí un acuerdo capaz de integrar a la gran mayoría del espectro político y hacer con él una constitución *liberal y generosa* en la que pudieran sentirse a gusto la oligarquía y las clases medias, los liberales y los católicos. Solo quedarían fuera, por ahora, los republicanos, por la izquierda, y los carlistas, por la derecha, llamados con el tiempo a integrarse también en el régimen.

Mientras, algunos problemas requerían solución urgente. La paz llegó en seguida, tan pronto como el Estado recuperó una dirección firme. Apagados los rescoldos cantonalistas, un potente ejército avanzó sobre Guipúzcoa y Vizcaya; rodeó a las tropas carlistas, y rindió la ciudad navarra de Estella, su capital, en febrero de 1876. Dos años después, la Paz de Zanjón, que prometía a los rebeldes la autonomía, el indulto y la abolición de la esclavitud, puso también fin a la guerra de Cuba. Para entonces, el nuevo régimen se había consolidado. En mayo de 1875, una asamblea monárquica había encargado a una comisión presidida por Manuel Alonso Martínez la gestación de un proyecto constitucional. A finales de año, todos los varones mayores de edad eran llamados a elegir sus representantes en las Cortes Constituyentes, que aprobaron sin apenas cambios el proyecto elaborado poco antes.

Se trataba de una Constitución mucho más cercana a la doctrina tradicional de los moderados que a la de los progresistas. Pero también era un documento flexible, como han de ser las constituciones; lo bastante para volver innecesaria su remoción en caso de triunfo electoral de los liberales más avanzados. Todo su contenido obedece al deseo de transacción del nuevo conservadurismo canovista. La soberanía la comparten el monarca y las Cortes, como era norma de las constituciones moderadas. Lo mismo sucede con la relación entre los poderes. El legislativo reside en las Cortes con el rey, que puede vetar las leyes durante una legislatura y disolver las Cámaras con el compromiso de celebrar elecciones en tres meses. El ejecutivo corresponde también al monarca, que nombra ministros no responsables ante las Cortes. El judicial recae en jueces independientes. El centralismo es absoluto. Pero no todo es conservador en la Constitución de 1876. Los derechos

Práxedes Mateo Sagasta y Escolar
(Torrecilla en Cameros, 21 de julio de 1825 - Madrid, 5 de
enero de 1903).

que reconoce son casi los mismos que los establecidos en la Constitución democrática de 1869. Es cierto que queda abierta la posibilidad de limitarlos, pero también de ampliarlos. Aunque las Cortes son bicamerales, la elección se impone en ambas Cámaras, aunque parcialmente en el Senado, y no se define el sufragio, que deberá definir la legislación ordinaria. El catolicismo recupera su posición de privilegio, pero se garantiza también la libertad de conciencia y la de culto privado de otras confesiones religiosas.

Además, el régimen tratará de respetar algunos postulados básicos de los regímenes liberales. El Ejército vuelve a los cuarteles y se ocupa en las tareas que le son propias. La alternancia entre las opciones de gobierno se convierte en práctica habitual. Los viejos partidos isabelinos, desarticulados, dejan paso a otros nuevos. El Partido Conservador, fundado por el mismo Cánovas en 1876, aspira a ser la derecha del régimen; el Liberal, llamado inicialmente Fusionista, presidido por Práxedes Mateo Sagasta desde su fundación en 1880, que reúne al progresismo más templado, la izquierda. Ambos partidos se turnarán en el poder, cediéndolo cuando pierdan la confianza del rey o de las Cortes, y tratarán de integrar en el régimen a las fuerzas situadas fuera de él por la derecha y por la izquierda, respectivamente. Quedarían así garantizadas la paz y la estabilidad.

Así sucedió durante más de veinte años. Por supuesto, un sector de la opinión había quedado fuera del régimen, pero no era muy numeroso. Apenas hubo disidencias internas en los partidos que lo sostenían, y los intentos de crear otros nuevos, como la Izquierda Dinástica de Serrano, fracasaron. El carlismo, sin el apoyo de la Iglesia, languidecía. Y los republicanos, exangües, gastaban sus menguadas energías en interminables querellas intestinas, incapaces de renovar su mensaje y su organización. Ayudó también una cultura más abierta y tolerante de lo que parecía. Y no lo hizo menos que el movimiento obrero tuviera en aquellos años un crecimiento lento, acompasado con el ritmo sosegado del desarrollo industrial del país, y no fuera aún víctima de los espasmos de violencia a los que luego se entregaría. El anarquismo no rendía aún culto a la *propaganda por el hecho,* y el socialismo, nacido entre los trabajadores de las imprentas madrileñas, apenas lograba entonces asentarse entre los obreros asturianos y vascos.

Con ello, el país pudo por fin concentrar sus energías en su desarrollo. La población se incrementó en dos millones de personas, un crecimiento notable, aunque no espectacular. Madrid y, sobre todo, Barcelona desbordaron sus murallas, agrandaron sus contornos con ensanches burgueses y se engalanaron con edificios que simbolizaban su dinamismo económico y cultural. Las fuerzas de la modernidad se apoderaron al fin de España. Aunque la tierra pertenecía aún a quienes en nada interesaba su mejora y sus rendimientos apenas crecían, la industria pudo al fin despegar con algún vigor gracias a otros factores. El petróleo y la electricidad ofrecieron a los países como España, pobres en carbón, fuentes de energía más baratas. Con ello, los costes de producción bajaron, acercando el consumo a sectores sociales más amplios. Al crecer la demanda interna, lo hizo también la inversión, y con ella la producción y el empleo, dando inicio a un círculo virtuoso. El País Vasco, gracias al maridaje entre su mineral de hierro, demandado por Inglaterra, y el asequible carbón galés, vio crecer su siderurgia. Madrid se benefició de su condición de capital y centro financiero y de consumo del país. Cataluña, que había partido con ventaja, diversificaba cada vez más su actividad industrial. Y en Asturias, León, Santander y otros lugares, las ayudas públicas, la liberalización de las concesiones mineras y las inversiones extranjeras, ansiosas de colmar la demanda europea, hacían posible extraer del subsuelo hierro, plomo, cobre, cinc o mercurio. España parecía, al fin, zambullirse con decisión en la corriente del progreso.

Mientras, la vida política transcurría con aparente placidez. El Partido Conservador ocupó el poder hasta 1881, desarrollando un programa basado en la defensa del orden social, la religión, la propiedad y la monarquía. Guiado por Cánovas, sus gabinetes profundizaron en la centralización política y administrativa. Los fueros vascos quedaron abolidos. Los alcaldes de municipios de más de treinta mil habitantes volvieron a ser nombrados por el rey, al igual que los gobernadores civiles de las provincias. El sufragio quedó tan limitado, que solo conservó derecho al voto el 5 % de la población. Se estableció la censura previa y se convirtió en delito cualquier crítica a la Monarquía, el régimen y la Iglesia, lo que supuso continuos cierres de periódicos. La libertad de cátedra quedó restringida, y muchos profesores dejaron la enseñanza o fueron expulsados de sus plazas. Solo se dejó actuar a los partidos fieles al sistema. Los sindicatos continuaron prohibidos.

No obstante, la alternancia se respetó. En febrero de 1881, Sagasta formó Gobierno por primera vez. Pero su política se caracterizó por una considerable timidez. Algunos disidentes recibieron la amnistía; se amplió la libertad de imprenta, y la tolerancia hacia la oposición fue mayor. Pero ni volvió el juicio por jurados ni el sufragio se hizo universal, como se esperaba. Y, a partir de 1882, la crisis económica generó disturbios que acabaron por provocar la caída de los liberales. En 1884, Cánovas volvía al poder.

En 1885 moría de repente el joven rey Alfonso XII. Su viuda, María Cristina de Habsburgo, fue proclamada regente, pero el fantasma de la inestabilidad volvía a cernirse sobre el régimen. La reina es extranjera y carece de experiencia política. Espera un hijo,

Alfonso XIII junto a su madre
María Cristina de Habsburgo-Lorena.

pero puede no ser un varón. Por fortuna, los líderes políticos muestran ahora una notable cordura. En el llamado *Pacto de El Pardo,* sellan el compromiso de sostener a la regente, dejar el poder cuando se desgasten frente a la opinión y no derogar las leyes del otro. Gracias a este acuerdo, el régimen sobrevivió sin problemas hasta la mayoría de edad de Alfonso XIII, en 1902.

Tras el pacto, Sagasta regresó en seguida al poder, pero ahora para poner en marcha las reformas que se esperaban de él. Su Gobierno abolió los frenos a las libertades de imprenta y de cátedra, lo que favoreció el florecimiento de la prensa; reimplantó el derecho de asociación, impulsando con ello las organizaciones obreras, y restableció el juicio por jurados, conquista del Sexenio tenida entonces por condición básica de la democracia. Por fin, en 1890 una nueva ley electoral devolvía el derecho al voto a todos los varones, aunque solo a los varones, mayores de 25 años.

Caciquismo

En realidad, no era sino la obra de una izquierda domesticada que sin duda aportaba al régimen un marchamo de normalidad. Pero se trataba de apariencias. Ni los derechos individuales ni el sufragio universal masculino, por sí solos, probaban la ejecutoria democrática de la Restauración. Constituían un paso en la buena dirección, pero insuficiente, pues el voto de la inmensa mayoría de los españoles, todavía jornaleros o pequeños propietarios de tierra, podía ser fácilmente controlado por los caciques locales, en cuyas manos residía la potestad de privarles de sus medios de vida. Además, el proceso electoral carecía de garantías adecuadas y no resultaba difícil alterar la voluntad popular en el caso poco probable de que se manifestara en contra de lo deseado por el Gobierno. Las primeras elecciones celebradas por sufragio universal, en 1890, fueron otra vez ganadas por los conservadores. Ambos partidos continuaron, sin más, alternándose en el poder hasta 1900.

El dinamismo económico y la estabilidad política del régimen no deben llamarnos a engaño. Liberales y conservadores no forman verdaderos partidos, ni la relación entre ellos y con los electores se desarrolla según las rutinas propias del parlamentarismo liberal. Son clubes, camarillas de notables asociados en defensa de sus intereses, no de sus ideas; no existen más allá de las elecciones, y carecen de capacidad para encuadrar y movilizar a la creciente opinión pública. Se trata, en fin, de simples maquinarias de preservación del poder de las clases dominantes tradicionales. Además, la manipulación electoral surgida con Isabel II no solo se mantuvo, sino que se perfeccionó. Los Gobiernos no dejaban el poder cuando perdían la mayoría en las urnas. Cuando el rey lo creía conveniente, los líderes se desgastaban o, sin más, lo acordaban así, un partido dejaba paso al otro. Entonces, el nuevo gabinete disolvía las Cortes y convocaba nuevas elecciones, en las que obtenía siempre la mayoría. De hecho, el Ministerio de la Gobernación fabricaba el resultado. En su sede se adjudicaban los escaños en juego a uno u otro partido según se pactara, en una práctica que la tradición ha denominado *encasillado*. Completada la adjudicación, se telegrafiaba a los gobernadores civiles, dándoles a conocer el contenido del acuerdo, y estos se apresuraban a hacer lo propio con cada uno de los personajes que poseían influencias en su provincia en virtud de las clientelas que les otorgaba su posición social y económica, y les informaban del nombre de los diputados que tenían que salir elegidos en sus distritos. A cambio, aquellas gentes obtenían favores y prebendas para sí mismos, para sus

Francisco Silvela y de Le Vielleuze.
(Madrid, 15 de diciembre de 1843 - Madrid, 29 de mayo de 1905).

amigos y sus regiones. Quienes gobernaban lo hacían en su nombre, por mandato de aquella oligarquía de latifundistas, aristócratas, generales y obispos que se sentaban también en el Senado y en el Congreso, que rodeaban al monarca en la Corte y copaban los altos cargos de la Administración. Ellos eran los verdaderos amos del país, los autores de aquella gigantesca farsa creada para cambiar la apariencia política de España sin que se alterase la realidad social sobre la que se asentaba su poder.

Algunas voces, por supuesto, denunciaron el engaño. Voces como la de Francisco Silvela, político conservador que habló para exigir una reforma radical del régimen que tornase los partidos portavoces reales de la opinión pública. Como la del geólogo y escritor Lucas Mallada, que ridiculizó la pereza, la ignorancia, la rutina y la fantasía de los españoles. Como la de Gumersindo de Azcárate, que llamó al caciquismo *constitución real* de España y lo calificó de *nuevo feudalismo*. Como las de Miguel de Unamuno, Ángel Ganivet, Joaquín Costa, Vicente Blasco Ibáñez... Pero son voces que no poseen todavía fuerza bastante para conmover la fortaleza de un régimen en apariencia sólido y estable. El país parecía cabecear, apático, al calorcillo de aquella suerte de verano de la Historia, adormilado con sus corridas de toros y sus procesiones, sus novelitas costumbristas y sus cuadros de paisajes. Pero Clío es despiadada con las naciones que duermen y habría de tardar poco en procurarle a España un contundente despertar.

3

España en la encrucijada

La proclamación de la mayoría de edad de Alfonso XIII (1902) no tuvo consecuencias apreciables en la marcha de los acontecimientos, aunque el joven rey, un muchachito consentido, rodeado de una aduladora servidumbre palatina con aires de camarilla, quería intervenir en la vida política algo más de lo que le permitía el marco constitucional. Estaba animado de las mejores intenciones, pero no tenía ni los poderes ni las cualidades necesarias para dominar las tendencias que corroían el edificio levantado por el canovismo y para el que no se veía ninguna alternativa. Mirando en conjunto aquel reinado, y a pesar de que hubo momentos brillantes y avances innegables, se nos aparece como un plano inclinado que condujo al régimen hacia su traumático final.

Antonio Domínguez Ortiz: España.
Tres milenios de Historia, 2001.

Los desafíos de un nuevo siglo

Durante dos décadas, el régimen diseñado por Cánovas había funcionado bien. Los cambios de Gobierno se sucedían sin traumas. Los militares, ajenos a la política, no intervenían en ellos. La economía crecía a un ritmo constante. Las clases sociales parecían relacionarse con armonía. Y ningún conflicto venía a

113

turbar, dentro o fuera del país, una paz que parecía duradera.

Pero un suceso trágico e imprevisto vino a sacar a la nación de su ensimismamiento y la forzó a enfrentarse a la cruda realidad. En 1898, tras una fugaz guerra y una paz humillante con los pujantes Estados Unidos de América, España perdía sus últimas posesiones coloniales, Cuba, Puerto Rico y Filipinas. El régimen sufrió una sacudida que conmovió sus cimientos. Bajo el trémulo estandarte de la *regeneración**, cada español se erigió por un tiempo en médico improvisado de la nación exangüe. Luego, los ecos de la derrota se apagaron y todo pareció volver a la normalidad. El turno entre los partidos dinásticos se reanudó. El nuevo rey, Alfonso XIII, alcanzó la mayoría de edad y se dispuso a desempeñar sus funciones constitucionales. El *Desastre* de 1898 no derribó de inmediato al régimen canovista, pero actuó *por debajo de él,* como una corriente subterránea, silenciosa pero continua, que terminó por pudrir sus cimientos. Y lo hizo sirviendo de catalizador a unas fuerzas ya existentes que, intensificadas en su acción a partir de aquellos años y enfrentadas a la incapacidad del régimen para canalizarlas, terminarán por destruirlo.

Los primeros efectos del 98 se observaron en el terreno de las ideas. Las voces críticas contra el régimen, que apenas habían logrado hacerse oír hasta entonces, retumbaron ahora con enorme fuerza. Pero nada hay de revolucionario en ellas. Sus iras se agotan en el mero ataque a los políticos y los caciques. Sus esperanzas miran a las nacientes burguesías y las sufridas clases medias antes que a los obreros; a la milagrosa resurrección del pasado mucho antes que a la construcción racional y laboriosa del futuro. Macías Picavea, Lucas Mallada, Joaquín Costa, incluso, son en el fondo arbitristas que saben muy poco de economía moderna y que, a fuerza de desconfiar del pueblo,

Monumento a Joaquín Costa, Zaragoza. Político, jurista, economista e historiador, fue el portavoz más conspicuo del movimiento intelectual español conocido como Regeneracionismo. Su conocido lema «Escuela, despensa y siete llaves para el sepulcro de El Cid» sintetizaba bien a las claras los objetivos de su programa de reformas, en general demasiado anclado en lo agrario y poco atrevido en lo social y lo político

115

terminan por recelar también del Parlamento y de la democracia misma. La Generación del 98 es otra cosa. No pretende regenerar España, sino entenderla a la luz de Europa. Por eso la recorren sus hijos; marchan fuera de ella para contemplarla en perspectiva; se preguntan por su ser y por su problema; la sienten, y el sentimiento les desgarra y les inspira. Y desde esa inspiración escriben Azorín, Ramón María del Valle-Inclán, Antonio Machado, Miguel de Unamuno o Pío Baroja las mejores páginas de la literatura española en muchas décadas, y dan inicio a la edad de plata de nuestra cultura. Tras ellos, los hombres del 14 y del 27 toman el testigo y no desmerecen su ejemplo. De la mano de Federico García Lorca, de Rafael Alberti, de Jorge Guillén, de Gerardo Diego, de León Felipe llega la poesía en español a sus más altas cotas desde el siglo XVII. Y las bellas artes siguen su modelo, originalísimo y ondulante en los edificios de Antonio Gaudí, costumbrista en las pinturas de Ignacio Zuloaga, espectacular en Joaquín Sorolla, puntillista en Darío Regoyos; un modelo que se desborda en la obra innovadora y universal de Pablo Picasso, Juan Gris, Joan Miró y Salvador Dalí.

Pero no fueron la crítica, la literatura o el arte las piquetas que derribaron las instituciones canovistas, sino el progreso. Porque la pérdida de las colonias aceleró el crecimiento de la economía y la modernización de la sociedad. Los capitales repatriados desde la Cuba independiente, ávidos de nuevos mercados, desembarcaron en la metrópoli, reavivando su industria, multiplicando sus bancos, fundiendo finanzas y manufacturas en nuevos y poderosos conglomerados empresariales. La población empezó a crecer más aprisa. Frente a un incremento de dos millones de personas en los veinte años anteriores, entre 1898 y 1930 el crecimiento fue de cinco millones, y ello a pesar de una terrible epidemia de gripe, la de 1918-

1919, mal llamada española, que se llevó por delante a más de doscientos mil españoles, y una masiva emigración hacia América. Se iniciaba al fin una verdadera revolución demográfica. No solo descendía la mortalidad; la natalidad empezaba a reducirse; se elevaba la esperanza de vida, y mejoraban la higiene y la sanidad. Las ciudades sufren una auténtica metamorfosis. Madrid y Barcelona alcanzan el millón de habitantes; muchas otras duplican su tamaño. La industria crece a un ritmo acelerado, que se dispara cuando la primera guerra mundial fuerza a nuestras empresas a aumentar su producción para nutrir la demanda de los países beligerantes y sustituir a las ahora imposibles importaciones. Junto a la minería, el textil y la siderurgia, crecen la producción de electricidad, la química, la fabricación de maquinaria y las industrias de bienes de consumo. Luego, en los años veinte, vueltos a los mercados los países beligerantes, muchas empresas, incapaces de resistir la competencia, cierran sus puertas. Pero el paso está dado. Aunque con menos vigor que sus vecinos más avanzados, España ha entrado ya en la era del capital financiero.

Es cierto que queda aún mucho camino por recorrer. Junto a la España industrial, dinámica y moderna, existe todavía un país agrario y tradicional. Los desequilibrios no se atenúan con el crecimiento, sino que se acentúan. Es aún enorme el peso muerto del latifundismo absentista, que impone al país su dictadura de bajos rendimientos, pan caro y protección arancelaria, limitando su demanda interna y lastrando el desarrollo de su industria. Pero las nuevas fuerzas son imparables y su irrupción arrastra un sinfín de cambios en las relaciones sociales y las mentalidades de los españoles.

Junto a la oligarquía tradicional —obispos, terratenientes, aristócratas y generales— nace ahora una gran burguesía industrial, en especial en Cataluña y el

117

País Vasco. Junto a la vieja clase media, surge también una nueva, más dinámica y crítica, que no se siente representada por el régimen. Junto a jornaleros y pequeños labradores, existe ya el proletariado que mueve una industria cuya producción logra al fin, hacia 1930, igualar en valor a la de la agricultura.

Los cambios llegan a la política. La modernización desarticula los resortes del caciquismo, y los partidos dinásticos, víctimas a un tiempo de crecientes querellas intestinas, entran en una decadencia irreversible. Nuevas fuerzas políticas nacen en seguida para ocupar su lugar. Las primeras serán los partidos nacionalistas. El mayor desarrollo económico de vascos y catalanes, el redescubrimiento de sus lenguas, la herencia carlista y, en fin, la frustración de sus burguesías con el frágil proyecto nacional español se conjugan para alimentar sueños de naciones alternativas. Pero hay diferencias. El nacionalismo vasco busca desde el principio romper por completo con España, como pretende el Partido Nacionalista Vasco (PNV) de Sabino Arana, que ve la luz en 1895. El catalán persigue redefinir e incluso dirigir el proyecto nacional español desde postulados respetuosos con la pluralidad del país, como es el caso de la Lliga Regionalista catalana, fundada por Enric Prat de la Riba en 1901. No son los únicos. Las nuevas clases medias, los obreros industriales más cualificados y los intelectuales críticos nutren de nuevo un republicanismo que va superando el personalismo y la desorganización. Dos nuevas fuerzas vehiculan el cambio: el Partido Radical, fundado en 1908 por Alejandro Lerroux, reúne a los dispuestos a entenderse con el proletariado; el Reformista, creado en 1912 por Melquíades Álvarez y Gumersindo de Azcárate, acoge a quienes se inclinan por el diálogo con la Monarquía. A la izquierda de ambos, las fuerzas obreras plantean al sistema un envite cada vez más enérgico. Agresivo en los anarquistas de la Confederación Nacional del Trabajo (CNT), fundada en 1910, simpatizante del terrorismo y la huelga general revolucionaria; más templado en el caso del PSOE, que va acercándose a los republicanos radicales para fortalecer en el Parlamento la oposición al régimen y forzar desde allí el triunfo de la república.

Ante estos retos, que constituían una verdadera encrucijada de la Historia, el régimen tiene tres alternativas. La primera es la reforma en profundidad de sus instituciones para dar cauces de representación a las nuevas fuerzas sociales y políticas. La Monarquía canovista, liberal solo en apariencia, se transformaría así en un régimen democrático. La segunda es el encastillamiento; la preservación autoritaria del control de la oligarquía tradicional. En este caso, el régimen daría paso, de una u otra forma, a una dictadura. Por último, queda la alternativa de la ruptura. Si la Monarquía no sirve para encauzar la democracia, debería hacerlo la República. Una tras otra, las tres alternativas se pusieron en práctica. Pero las tres fracasaron, y el resultado será una nueva y feroz guerra civil.

EL FRACASO DE LA VÍA REFORMISTA

El entramado constitucional diseñado por Cánovas, quizá adecuado para la España de 1876, se reveló incapaz de reformarse a sí mismo para dar entrada a las nuevas fuerzas sociales y asumir sus exigencias de democracia. Las instituciones fallaron; las personas también. Alfonso XIII no supo estar a la altura de las circunstancias; se implicó en exceso en los problemas políticos, y tomó decisiones en función de una percepción de la opinión pública distorsionada por la influencia reaccionaria de su entorno. Los partidos dinásticos no supieron tampoco renovarse para representar a las nuevas fuerzas sociales, y, anclados en sus redes caci-

Alfonso XIII de Borbón
(Madrid, 17 de mayo de 1886 - Roma, 28 de febrero de 1941).

quiles, cada vez más inoperantes, entraron en un proceso de desarticulación interna. Las muertes de Cánovas, víctima de un atentado anarquista en 1897, y Sagasta, que falleció seis años después, no dieron paso a nuevos jefes incontestables, sino a la lucha entre un número creciente de facciones incapaces de construir mayorías estables en las Cortes. Por último, la respuesta intransigente de los grupos sociales dominantes, que bloquearon, por medio de la Iglesia y el Ejército, cualquier intento de reforma en profundidad del régimen, terminó por condenarlo a muerte.

La crisis del sistema se manifestó muy pronto. Durante la primera década del nuevo siglo, con la excepción del *gobierno largo* del nuevo jefe del Partido Conservador, Antonio Maura, entre 1907 y 1909, los gabinetes se sucedían sin prestar atención a los grandes problemas. Frente a la creciente conflictividad social, solo se ofreció represión y paternalismo. La jornada de trabajo de mujeres y niños y el descanso dominical fueron regulados, y en 1903 abrió sus puertas el Instituto de Reformas Sociales, entregado al estudio del problema obrero. Ante el anticlericalismo cada vez mayor de republicanos y socialistas, solo algunos liberales parecían dispuestos a responder con medidas que redujeran la influencia de la Iglesia, como el matrimonio civil y la limitación del número de órdenes religiosas. La terrible humillación de 1898 llevó a los militares a culpar a los políticos de su derrota y resucitó sus deseos de asumir funciones políticas sin que nadie pareciese conceder ninguna importancia a un fenómeno tan preocupante. Y los nacionalismos periféricos iban conquistando sus primeros bastiones de poder en ayuntamientos y diputaciones, lo que alimentaba sus reivindicaciones frente a gabinetes que las ignoraban sin más.

En realidad, liberales y conservadores no presenciaban impasibles el deterioro imparable del sistema.

LUIS E. ÍÑIGO FERNÁNDEZ

Lo que sucedió es que sus intentos de reforma, tímidos, contradictorios y, sobre todo, fruto del empeño solitario de poderosas individualidades antes que de los partidos como tales, hubieron de enfrentarse a fuerzas en exceso poderosas e intransigentes. El primero se debe a Antonio Maura, que, como dijimos, presidió el Gobierno entre 1907 y 1909. Hombre enérgico y decidido, impulsó un amplio programa de regeneración conservadora que se concretó en un verdadero torrente de disposiciones legales. Proteccionista en lo económico, aprobó leyes de defensa de la industria nacional, de rearme naval y de colonización y mejora agrícola. Paternalista en lo social, intervino en las relaciones laborales y dio su primer impulso a los seguros de vejez e invalidez. Convencido de la necesidad de afrontar con urgencia el problema de la representatividad de las instituciones, trató de movilizar a la opinión pública, descuajando las bases del caciquismo mediante la autonomía limitada de ayuntamientos y regiones. Pero este proyecto no llegó a aprobarse porque se rebelaron contra él los mismos caciques que sostenían al Partido Conservador.

Bloqueada la reforma, la situación del régimen siguió agravándose. En julio de 1909 estallaba en Barcelona la *Semana Trágica,* que se inició cuando el Gobierno movilizó a los reservistas para defender Melilla, amenazada por las tribus marroquíes. Esta decisión provocó una huelga general en Barcelona que se saldó con la muerte de 116 personas, 300 heridos y decenas de edificios destruidos. Tras ella, el Gobierno Maura se entregó a una represión indiscriminada en la que resultó significativa la ejecución de Francisco Ferrer i Guardia, maestro anarquista convertido por las autoridades en símbolo del escarmiento que quería practicarse. El escándalo subsiguiente y la oleada de protestas dentro y fuera de España hicieron que el rey retirase su confianza a Antonio Maura.

Francisco Ferrer i Guardia
(Alella, 10 de enero 1859 - Barcelona, 13 de octubre 1909).

Tras un breve paréntesis, llegó al poder el liberal José Canalejas, que protagonizó el segundo gran intento de regeneración del régimen. Entre febrero de 1910 y noviembre de 1912 trató de introducir una serie de reformas que ampliaran sus bases y lo adaptaran a la realidad social, aunque desde una perspectiva más progresista que la del jefe conservador. El odiado arbitrio sobre consumos, que, al gravar los productos de primera necesidad, pesaba en exceso sobre las clases populares, dejó paso a un nuevo impuesto sobre las rentas urbanas. Lo injusto del servicio militar, que pesaba casi en exclusiva sobre obreros y campesinos incapaces de reunir la cantidad que permitía su redención, quedó atenuado por una disposición que lo hacía obligatorio en tiempos de guerra y elevaba las cuotas de redención en tiempos de paz. La llamada *ley del Candado,* que entró en vigor en diciembre de 1910, prohibió la entrada de nuevas órdenes religiosas en España, mientras se avanzaba hacia la libertad de cultos al permitirse los símbolos externos en los templos de otras confesiones. Y, comprendida al fin la conveniencia de integrar en el régimen al nacionalismo catalán moderado, el Gobierno liberal hizo aprobar en el Congreso la ley de Mancomunidades de Maura, la cual, aunque no entraría en vigor hasta 1913, abría ya la puerta de una tímida autonomía regional.

Por desgracia, la que llevaba camino de convertirse en una reforma global del régimen, que quizá lo hubiese conducido a la democracia, quedó bruscamente interrumpida en noviembre de 1912 al morir asesinado Canalejas en la madrileña Puerta del Sol. Fue una auténtica hecatombe, porque desde ese instante, el sistema, atenazado por la parálisis, empezó a despeñarse hacia su fin. A ello contribuyó la actitud de Maura, que rechazó la legitimidad de los liberales para gobernar con la Monarquía argumentando que habían apoyado la campaña orquestada contra él por la izquierda con motivo de la Semana Trágica. Tan irresponsable postura rompió el partido, pues una parte de él, liderada por Eduardo Dato, se negó a secundarla. Pero no fue menos importante la fragmentación del Partido Liberal a la muerte de Canalejas, que abrió una pugna por su sucesión de la que salieron diversas facciones cuyos líderes no estaban ya dispuestos a obedecer más disciplina que la suya. Durante nueve años, entre 1914 y 1923, ni siquiera la más escandalosa manipulación electoral bastaba ya para garantizar a ningún grupo la mayoría suficiente para gobernar. Mientras, la primera guerra mundial regalaba a los empresarios beneficios ingentes; desabastecía el mercado nacional, y disparaba los precios, desplomando el salario real de los obreros. La situación era muy peligrosa, pues la creciente miseria de los pobres coincidía con el aumento escandaloso en la opulencia de los ricos. Rechazados por la oligarquía miope proyectos como los del liberal Santiago Alba, que pretendía aliviar a los trabajadores mediante un tributo extraordinario sobre los beneficios generados por la guerra, la situación derivó hacia una tensión social cada vez más insoportable que terminó por estallar en forma de una nueva crisis en 1917.

Entonces vinieron a superponerse todos los descontentos y concertaron su oposición por un instante todos sus protagonistas. El régimen pareció hallarse al borde del fin cuando, por vez primera, republicanos, socialistas, regionalistas y militares exigieron una democratización efectiva de las instituciones. Pero la misma incoherencia de aquella alianza contra natura quedó en seguida de manifiesto. El temor de militares y catalanistas, conservadores ambos por las clases a las que pertenecían, a que sus aliados en aquella aventura la aprovecharan para derribar a un tiempo Monarquía y orden social, forzó su retirada y reconstruyó al poco, en forma de Gobierno de concentración nacional, el frente natural de la oligarquía que, todavía por entonces, continuaba decidiendo los destinos del país.

Todo continuó como estaba. Y seguir como se estaba solo podía significar ir a peor, pues los problemas sin resolver habían por fuerza de hacerse más complejos. No resuelta la cuestión de la representatividad, las clases medias continuaban pasándose a mayor ritmo a las filas republicanas o nacionalistas. No resuelta la cuestión regional, el nacionalismo se radicalizaba y los partidos más moderados empezaban a ceder terreno ante opciones más exigentes. No resuelta la cuestión social, las demandas de los trabajadores se hacían más extremas y ganaban terreno entre ellos las opciones más violentas. Barcelona, por ejemplo, contaba con tantas bandas de pistoleros que llegó a ser conocida como «la Chicago Española». Y los gobiernos, efímeros e inoperantes, se mostraban incapaces de frenar la deriva del régimen hacia su fin. En sus estertores, un último intento de reforma, el que protagonizaría a partir de diciembre de 1922 el líder liberal Manuel García Prieto, en coalición con los reformistas del antiguo republicano Melquíades Álvarez, pareció por un momento abrir una pequeña puerta a la esperanza. Quizá la Monarquía liberal podía por fin apostar por una reforma pacífica que la condujera hacia la democracia y, de su mano, permitiera por fin afrontar con legitimidad y energía las cuestiones pendientes. Fue un espejismo. El experimento, más bien timorato, por otra parte, fue boicoteado una vez más por la oligarquía. El golpe militar de Miguel Primo de Rivera, a la sazón capitán general de Cataluña, en septiembre de 1923, dio la puntilla a un sistema en el que ya no creían ni sus propios dirigentes.

Miguel Primo de Rivera y Orbaneja
(Jerez de la Frontera, 8 de enero de 1870 - París, 16 de
marzo de 1930).

UNA DICTADURA PECULIAR

En apariencia, el disparador del golpe de Estado que colocó en el poder a Primo de Rivera no fue otro que las posibles repercusiones del llamado *Expediente Picasso,* nombre que recibió la investigación abierta con el fin de depurar las responsabilidades por una nueva derrota militar, acaecida en esta ocasión en el Marruecos español. En 1906, la Conferencia de Algeciras había concedido a españoles y franceses un protectorado conjunto sobre el país africano en el que España recibió la zona septentrional del sultanato. Pero la explotación de sus recursos mineros, a la que aspiraban algunas importantes empresas nacionales, exigía la ocupación efectiva del territorio, objetivo nada fácil a tenor de la belicosidad que demostraban las *kábilas* o tribus locales. El avance de las tropas, mal entrenadas y peor dotadas, fue lento y costoso. Así las cosas, en julio de 1921, los soldados españolas sufrieron una humillante derrota en Annual ante las tribus rebeldes. Cerca de trece mil hombres, con su general al frente, perdieron la vida. Una catástrofe semejante exigía responsables, y la prensa los exigió casi de forma unánime. El contenido del expediente, que revelaba no solo la imprevisión e incompetencia de buena parte de las autoridades civiles y militares implicadas, sino que llegaba a salpicar también al propio rey, habría explicado así un golpe que el mismo Alfonso XIII sin duda conocía de antemano y que no tardó en legitimar llamando a Primo de Rivera, su figura principal, a formar Gobierno. Pero debajo de estos hechos subyace la verdadera cuestión. El golpe venía a significar el fracaso de la vía reformista a la democracia, la confesión de impotencia del régimen para renovarse, para cambiar en la dirección que le marcaba el signo de los tiempos.

Mapa del protectorado español en Marruecos. La Derrota de Annual se saldó, según el Expediente Picasso, con 13 363 muertos. Es probable que las cifras fueran inferiores, ya que los informantes las hinchaban con frecuencia para recibir más dinero y suministros. De todos modos, el número de cadáveres era tan elevado que pronto empezó a decirse que los buitres solo se comían los de comandante para arriba. Las pérdidas de material militar fueron también ingentes: 20 000 fusiles, 400 ametralladoras y más de 100 cañones, aparte de municiones y pertrechos. Y no lo fueron menos las de líneas férreas y telegráficas, hospitales, escuelas y otras infraestructuras construidas en los doce años precedentes.

Por el contrario, la Dictadura a la que daba paso, tan pintoresca como la campechana personalidad del dictador, suponía una apuesta de las clases dirigentes del país, amparadas por la Iglesia y el Ejército, por la vía autoritaria de preservación de sus intereses. En cierto sentido, se trataba de una fórmula propia del regeneracionismo, desde arriba, como el intentado por Maura o Canalejas, pero sin alterar lo esencial del orden económico, social y político que tanto les beneficiaba. Por ello, Primo de Rivera se identificaba con aquel *cirujano de hierro* que, según había escrito Joaquín Costa, debía operar el cuerpo nacional para prepararlo para la democracia. Pero solo hasta cierto punto y solo en los primeros momentos de su ejecutoria. Hasta 1925, el régimen careció de instituciones propias. Su Gobierno no era otra cosa que un Directorio Militar que mantenía suspendida la Constitución y clausuradas las Cortes; reprimía, con escasa dureza, toda oposición, y se entregaba con cierta energía a la labor de dar solución urgente a lo que, desde su punto de vista, eran los problemas del país. Naturalmente, ninguno de los verdaderos problemas de fondo recibió la atención que merecía. El de la representatividad de las instituciones ni se planteó ni podía plantearse. La cuestión social se abordó desde una óptica represiva, como un mero problema de orden público, al igual que los nacionalismos catalán y vasco, víctimas de humillaciones innecesarias de las que no podía derivar sino su radicalización. Solo el problema marroquí recibió respuesta cumplida y eficaz, gracias a una acción militar concertada con Francia que permitió llevar a cabo, en septiembre de 1925, un nutrido desembarco de tropas en Alhucemas y, tras caer derrotado su principal instigador, el caudillo rifeño Abd-el-Krim, terminó prácticamente con los disturbios en el protectorado.

Si en la mente del dictador y de quienes lo amparaban hubiera estado actuar como el cirujano de hierro, se habría retirado entonces. Pero había algo más. Se trataba de ensayar una vía alternativa de modernización del país, una vía *segura,* que no pusiera en peligro el orden establecido. Por ello, Primo de Rivera no solo permaneció en el poder, sino que trató de dotar a lo que hasta entonces no había sido más que una situación de hecho de un entramado jurídico que hiciera de su Gobierno un verdadero régimen. En 1925 dio comienzo la institucionalización de la Dictadura. Se concretó en la formación de un Directorio Civil, integrado ya por verdaderos ministros; la creación de un partido único, la Unión Patriótica, concebido para nutrir al régimen de cuadros políticos

El Directorio Militar posa junto al rey Alfonso XIII.
El monarca no solo no se opuso al golpe de Estado dirigido
por el capitán general de Cataluña, sino que lo apoyó
decididamente. De hecho, durante una visita a Italia,
realizada algún tiempo después, el rey presentó al dictador
con la frase: «Este es mi Mussolini». Esta actitud le costaría
más tarde el trono y la misma Monarquía.

y administrativos; la introducción de un órgano representativo, la Asamblea Nacional Consultiva, que habría de dar a España una nueva Constitución, y la puesta en marcha de una política económica declaradamente intervencionista con el objetivo de acelerar, bajo la tutela efectiva del Estado, el desarrollo económico del país.

Pero casi nada era lo que pretendía ser. Solo el Directorio fue un verdadero Gobierno, que contó incluso con algunos ministros de gran valía personal, como José Calvo Sotelo, Eduardo Aunós o Rafael Benjumea y Burín, conde de Guadalhorce. La Unión Patriótica no fue nunca un partido, sino, en todo caso, un *movimiento,* precario en ideas, deficiente en organización y muy pobre en talento en el que se integraron tan solo arribistas sin escrúpulos y conservadores sin iniciativa. La Asamblea era, desde luego, consultiva, pues en ningún momento se comprometió el dictador a seguir sus indicaciones, pero tenía poco de nacional, ya que sus miembros no representaban a la nación, sino al mismo sector que militaba en el partido oficial, del que provenían casi todos sus integrantes. Y la Constitución que redactó nunca pasó del papel, pues se trataba de un documento tan conservador que incluso desagradó al propio dictador. Solo la política económica y, con matices, la obra social del régimen parecían apuntarse un éxito tras otro.

En efecto, en aquellos años España cambió su faz con una rapidez desconocida. Las Confederaciones Hidrográficas iniciaron la racionalización y la explotación de los recursos hídricos del país, tantas veces sugerida por los regeneracionistas como panacea de los males del campo. Los ferrocarriles, las carreteras, las líneas telefónicas y las emisoras de radio se multiplicaron, acortando las distancias físicas y espirituales entre los españoles. La industria recibió un impulso enorme, alimentada por la creación de monopolios y bancos públicos, el aumento impresionante de las inversiones del Estado y la intensificación del proteccionismo arancelario, mientras el PIB crecía a un ritmo desconocido hasta entonces. Las relaciones sociales parecieron disfrutar un período de relativa calma, gracias a la bonanza económica y la introducción de pensiones de maternidad, subsidios para las familias numerosas e instituciones de arbitraje y mediación entre empresarios y trabajadores que funcionaban bajo la tutela del Estado y que contaron incluso con la participación del PSOE y su sindicato, la Unión General de Trabajadores (UGT). Por un tiempo, el Gobierno parecía seguir al pie de la letra el programa regeneracionista, sembrando el país de escuelas, llenando de pan las despensas y llevando la paz a los campos y las calles.

Pero se trataba de un panorama engañoso. La oposición existía y se fortalecía con el paso del tiempo y a cada error del dictador. La economía era boyante, pero dependía para serlo de un presupuesto extraordinario que cargaba con ingentes deudas las arcas públicas. La crisis mundial de 1929 pondría al descubierto sus limitaciones y daría al traste con la mejor baza del régimen para preservar su existencia. Las relaciones sociales eran, desde luego, menos tensas que en la década precedente, pero distaban mucho de ser idílicas. La organización corporativa del trabajo tenía frente a sí enemigos tan poderosos como las organizaciones patronales, que recelaban de la presencia del socialismo en las instituciones, y los sindicatos anarquistas, que la consideraban una traición a sus intereses de clase. La educación avanzaba, pero al precio de cerrar la boca de los disidentes y conculcar la libertad de cátedra en escuelas, institutos y universidades, que pronto se convirtieron en activos nidos de oposición contra la Dictadura. El Ejército, en apariencia institución privilegiada de un régimen que parecía obra suya, terminó por volverse contra su criatura, cansado de las arbitrariedades de Primo de Rivera en materia de ascensos. Y el nacionalismo catalán, agravado por la suspensión de la ya escasa autonomía de la región y la prohibición de todos los símbolos de su identidad, se embarcó en una deriva radical que sobrepasó a la moderada y monárquica Lliga en beneficio de opciones extremistas como Estat Catalá, embrión de la futura Esquerra Republicana de Catalunya. Las clases medias, en fin, no solo iban apartándose de un régimen que no mostraba ánimo alguno de implantar la democracia, sino que terminaron por detestar a la Monarquía que lo amparaba. Los partidos republicanos, que se embarcaron por fin en un proceso de reorganización del que saldrían las principales fuerzas de la futura república, recogían cada día un poco del cansancio que se iba apoderando de los españoles.

Cuando todos estos procesos coincidieron en el tiempo con la crisis económica, el régimen hubo de encarar su inminente final. La inflación desbocada, la alarmante depreciación de la peseta y el desmesurado déficit de las cuentas públicas privaron al dictador de todo apoyo. Descorazonado, perdida la simpatía del propio rey, no se le ocurrió otra salida que consultar a quienes le habían colocado en el poder. Los jefes militares se pronunciaron contra su continuidad y forzaron su dimisión, que se produjo en enero de 1930.

La república de la esperanza

Alfonso XIII se encontraba entonces ante una difícil situación ¿Qué podía hacer? Cabía buscar un sustituto al dictador en la figura de otro general, como le había recomendado el propio Primo de Rivera. El mismo monarca podía asumir la dictadura, como acababa de hacer en Yugoslavia el rey Alejandro I Karagjorgjević. E incluso era posible restablecer sin más la Constitución y convocar elecciones como si no hubiera pasado nada. Pero ninguna de estas salidas era factible. Las dos primeras, porque constituían una fuga hacia delante; la última, porque ya no existían los partidos de la Restauración.

Por ello, Alfonso XIII optó por una fórmula híbrida. Encargó a un general anodino y sin prestigio, Dámaso Berenguer, la dirección del retorno a la Monarquía constitucional, pero de forma gradual, de manera que, una vez reconstruidos los partidos dinásticos, se celebrasen comicios que uno de ellos estuviera en condiciones de ganar. Se trataba de un craso error. Ni Berenguer podía alcanzar el consenso suficiente para lograr lo que se proponía, ni los partidos dinásticos eran ya capaces de revivir, por mucho tiempo que tuvieran para ello. Antes bien, el resultado fue el contrario al esperado. La oposición, en especial la republicana y socialista, se fortaleció; las masas se radicalizaron, e incluso una buena parte de la opinión conservadora, convencida de que la Monarquía no servía ya para preservar el orden, volvió sus ojos a la república. El retorno a la situación de 1923, así las cosas, se hizo imposible.

Republicanos y socialistas comprendieron entonces que había llegado su hora. El 17 de agosto de 1930, en el llamado *Pacto de San Sebastián,* acordaban la creación de un Comité Revolucionario para coordinar los preparativos del golpe que derribaría la Monarquía. Pero la falta de coordinación dio al traste con los planes trazados. El 12 de diciembre, los capitanes Fermín Galán y Ángel García Hernández caían derrotados en Jaca mientras en Madrid fracasaba la intentona golpista en Cuatro Vientos. Sin embargo, el fusilamiento de los capitanes rebeldes dio a la república sus primeros mártires y mayor simpatía entre las masas populares.

Por ello, cuando, siguiendo con su plan, Berenguer convocó elecciones generales, la gran mayoría de las fuerzas políticas y sociales, incluso muchos viejos jefes monárquicos, proclamaron su abstención. Sin apoyos, el general dimitía el 14 de febrero de 1931. Solo entonces trató Alfonso XIII de iniciar la apertura del régimen, invitando a formar Gobierno a la oposición más moderada. Pero ya era tarde. Ningún político consiguió apoyos suficientes para gobernar, y el rey, entregado de nuevo a su entorno más reaccionario, presionó a los viejos jefes monárquicos para que aceptaran entrar en un gabinete que, bajo la presidencia teórica del almirante Juan Bautista Aznar y el control real de Álvaro de Figueroa, conde de Romanones, tendría como misión la vuelta a la normalidad constitucional por medio de sucesivas elecciones. Las primeras habían de ser las municipales, que fueron convocadas para el 12 de abril de 1931.

Contra toda previsión, el resultado de los comicios cambió la historia de España. La victoria fue para los monárquicos, pero donde el voto se emitía sin coacciones caciquiles, en las ciudades, el triunfo sonrió a los republicanos. Las masas, que se echaron en seguida a la calle, y el propio Gobierno, que se desmoralizó de inmediato, hicieron el resto. El 14 de abril Romanones negociaba con los jefes republicanos el traspaso ordenado de poderes y la salida del país de Alfonso XIII.

El flamante Gobierno provisional de la República integraba en su seno las diferentes tendencias de la coalición republicano-socialista. Figuraban en él antiguos monárquicos como el mismo presidente, Niceto Alcalá-Zamora, o el ministro de la Gobernación, Miguel Maura; sindicalistas como el líder de la UGT, Francisco Largo Caballero, y, sobre todo, republicanos reformistas y anticlericales procedentes de la pequeña burguesía de funcionarios y profesionales liberales, como Manuel Azaña, Alejandro Lerroux, Diego Martínez Barrio o Marcelino Domingo. Tan heterogéneo

Portada del diario conservador *La Época* correspondiente al 15 de abril de 1931. Los periódicos publicados aquel día recogían la proclamación de la República y las primeras decisiones de un Gobierno que llegaba al poderm en un ambiente preñado de paz y esperanza. Sin embargo, si para algunos españoles la misma palabra República poseía un valor casi taumatúrgico, para otros era sinónimo de anarquía.

gabinete tenía por delante una doble labor. Por un lado, debía dotar al régimen de una constitución, limitando al mínimo la duración de la inevitable etapa de transición. Por otro lado, había de comenzar a afrontar con decisión los principales problemas del país, algunos de los cuales llevaban planteados más de un siglo.

Las labores constituyentes se iniciaron en seguida con la promulgación de un estatuto jurídico que legitimaba la existencia misma del Gobierno, fijaba límites a su poder y trazaba las líneas de su actuación inmediata. Luego, una vez aprobada una ley electoral más democrática, se convocaron comicios a Cortes Constituyentes. Pero la rapidez del proceso jugó a favor de la izquierda. La ley, nítidamente mayoritaria, beneficiaba a las grandes coaliciones, y solo republicanos y socialistas estaban en condiciones de formarlas. Por ello, las Cortes resultaron de signo mucho más izquierdista del que correspondía a la verdadera opinión del

137

país. Los republicanos moderados obtuvieron escasa representación. Y la derecha, que apenas había contado con tiempo para organizarse, resultó casi barrida del Parlamento —poco más de 50 escaños de un total de 470—, a pesar de la existencia de un nutrido electorado católico y conservador.

Para agravar las cosas, en los debates de la Constitución la izquierda impuso casi siempre sus puntos de vista, lo que terminó por provocar la salida del Gobierno de los moderados y la formación de un nuevo gabinete presidido por Azaña. La Carta Magna, aprobada en diciembre, definía a España como una república de trabajadores de todas las clases; separaba la Iglesia y el Estado; introducía, por vez primera en la historia de España, el voto femenino, y abría las puertas a la autonomía regional, la expropiación por razones de interés social y, en suma, la democratización profunda del país. Pero no era fruto del consenso entre todos los partidos, condición imprescindible para su viabilidad, sino de un pacto coyuntural entre la izquierda burguesa y los socialistas, que impusieron su voluntad al resto. Y este hecho, además de hipotecar la gestión de futuros Gobiernos, hacía muy difícil la consolidación del nuevo régimen. España parecía incapaz de aprender de sus errores.

Pero lo que preocupaba al Gobierno era dar solución a los graves problemas del país. La *cuestión agraria* era sin duda la de mayor trascendencia. El campo español sufría aún una paradójica contradicción entre minifundio y latifundio. En el centro y noroeste, las parcelas eran tan pequeñas que no permitían introducir los avances técnicos imprescindibles para mejorar los rendimientos. En el sur, las fincas, enormes, estaban en manos de propietarios absentistas que podían, pero no querían introducirlos. Dos millones de jornaleros sin tierra trabajaban para ellos a cambio de salarios miserables. La Segunda República les había traído esperanzas. El Gobierno estaba obligado a satisfacerlas, pero también a impulsar reformas que abrieran el campo a la modernidad, colocando al fin a la agricultura en situación de favorecer el progreso industrial del país.

Preocupaba también la *cuestión religiosa*. Era necesario reformar las relaciones entre la Iglesia católica, acostumbrada a un vínculo privilegiado con la Monarquía, y un Estado republicano que, en tanto democrático, debía ser neutro en materia religiosa. Pero el problema no era simple. Por un lado, los católicos eran aún una inmensa mayoría, y algunos sectores de la jerarquía eclesiástica, reacios a perder sus prerrogativas, podían tratar de volverlos contra la República. Por otro lado, una parte de la izquierda deseaba ir más allá de la mera separación entre la Iglesia y el Estado para impulsar una secularización efectiva de la sociedad, privando al clero de sus medios de influencia sobre ella. Y ambos extremismos se alimentaban mutuamente sin que el Gobierno mostrase habilidad alguna para apaciguarlos. La virtual declaración de guerra con la que el cardenal primado, Pedro Segura y Sáenz, había saludado a la República recibió una respuesta contundente del gabinete, que decretó su expulsión del país. Pero el Gobierno fue incapaz de frenar con idéntica contundencia la escalada de violencia anticlerical que llevó a la quema de más de un centenar de iglesias y conventos por todo el país. En mayo de 1931, miles de católicos se habían vuelto ya contra el régimen. Muchos otros lo harían en los meses posteriores.

Más urgencia revestía la *cuestión de la enseñanza*. A comienzos de los años treinta, España sufría aún una tasa muy alta de analfabetismo, lo que lastraba de forma decisiva su desarrollo. Había, pues, que garantizar el acceso a la enseñanza primaria al conjunto de la población, a la vez que se incrementaban las plazas en la secundaria y se modernizaban los planes de estudio. Pero también aquí un sector de la izquierda deseaba ir más allá. Desde su punto de vista, la escuela era la principal herramienta de la que se valía la Iglesia para manipular las conciencias y era necesario arrebatársela. Los colegios religiosos debían desaparecer.

No menos complicada era la *cuestión militar.* Resultaba imprescindible modernizar unas fuerzas armadas obsoletas en lo material y en lo espiritual. La oficialidad era excesiva en número, deficiente en formación y contumaz en su presunción de constituirse en intérprete cierto de la verdadera voluntad de la nación. Los suboficiales escaseaban y se mostraban incapaces de servir a las funciones que les correspondían en un Ejército moderno. Y muchos militares manifestaban, además, un apego muy escaso hacia la República a la que debían servir.

Por último, el Gobierno debía dar respuesta a la *cuestión regional,* que no era, en el fondo, otra cosa que la consecuencia del fracaso parcial del proyecto nacional español en los términos en que había sido formulado por los liberales. Imposible de alcanzar la unidad basada en la uniformidad, quedaba asumir la pluralidad, descentralizando la estructura política y administrativa del Estado. La Constitución había reconocido el derecho a la autonomía, pero era necesario concretar el alcance de ese derecho. Y había que hacerlo satisfaciendo a los nacionalistas sin poner en riesgo la unidad nacional y sin dar argumentos a quienes podían usar el problema como un arma arrojadiza contra el régimen.

Las reformas se iniciaron bajo los Gobiernos provisionales de Alcalá-Zamora y Azaña. Pero los cambios se intensificaron después del 9 de diciembre de 1931, una vez aprobada la Constitución, en cuyos debates se gestó una alianza entre republicanos de izquierda, deseosos, más que nada, de impulsar la secularización de la enseñanza y la cultura del país; socialistas, ansiosos de reformas que mejorasen las condiciones de los trabajadores, y nacionalistas catalanes, que deseaban la rápida aprobación de un Estatuto de Autonomía para Cataluña. Este pacto sostuvo, durante el primer bienio de la República, los Gobiernos de Manuel Azaña, responsables de una amplísima política de reformas que se enfrentó, con más valentía que acierto, a los grandes problemas del país.

En el campo, los propietarios fueron obligados a emplear antes a los braceros locales, se prorrogaron los arrendamientos, se impuso el laboreo forzoso de algunas tierras, quedó implantada la jornada de ocho horas y se introdujeron los jurados mixtos para cuestiones salariales. Era un anticipo de la imprescindible reforma agraria que ansiaban los jornaleros. Pero la ley se retrasaba. Los interminables debates solo concluyeron en septiembre de 1932, y su resultado fue decepcionante. La norma expropiaba sin indemnización los latifundios de la nobleza, y con ella en caso de excesiva concentración de la propiedad, cultivo ineficaz, absentismo o falta de regadío si este era posible. Las tierras obtenidas se cederían, en usufructo, a jornaleros que recibirían también los aperos para trabajarla. Pero la cantidad presupuestada para expropiaciones fue ridícula: cincuenta millones anuales. A ese ritmo, sería necesario un milenio para asentar a los dos millones de jornaleros del país.

Respecto a la Iglesia, la actitud de respeto que había adoptado el Gobierno provisional, limitándose a afirmar la futura neutralidad del Estado, dejó paso en seguida a una actitud claramente anticlerical. La misma Constitución disolvía la Compañía de Jesús; prohibía a las demás órdenes la industria, el comercio y la enseñanza, e imponía la secularización de los cementerios. Las leyes posteriores desarrollaron estas disposiciones con excesivo celo, hiriendo muchas sensibilidades y

Gobierno Provisional del 14 de abril de 1931.
De pie: Indalecio Prieto, Marcelino Domingo,
Casares Quiroga, Fernando de los Rios, Lluís Nicolau
d'Olwer, Francisco Largo Caballero, José Giral,
Diego Martínez Barrio. Sentados: Alejandro Lerroux,
Manuel Azaña, Niceto Alcalá Zamora, Julián Besteiro
y Álvaro de Albornoz.

143

haciendo aún más urgente la necesidad de impulsar la enseñanza pública. Se abrieron miles de escuelas. El número de maestros se multiplicó con rapidez y se mejoró su salario. La enseñanza primaria se convirtió al fin en obligatoria, gratuita y laica. Y las Misiones Pedagógicas llevaron a los pueblos más recónditos el arte y la cultura de la época. Quedaba mucho por hacer, pero el impulso que se dio a la enseñanza en aquellos años fue el mayor de la historia de España.

La cuestión militar fue abordada por el mismo Azaña, que trató de dotar al régimen de un Ejército moderno, leal y apartado de la política. Ofreció el retiro con sueldo íntegro a los militares refractarios a la Constitución; redujo el número de divisiones de dieciséis a ocho; organizó la aviación como cuerpo independiente; eliminó los empleos de teniente y capitán general, y colocó la jurisdicción castrense bajo dependencia del Ministerio de Justicia. Además, el Ejército vio modernizado tanto su material como su sistema de reclutamiento y formación. El aislamiento social y emocional de los militares españoles empezó a desaparecer.

Algo se avanzó también en la cuestión regional. Aunque el Estatuto vasco no pudo ser aprobado, pues los socialistas desconfiaban del carácter clerical de su nacionalismo, el catalán lo fue en septiembre de 1932. Con él, Cataluña se constituía en región autónoma con Gobierno, Parlamento, bandera e himno propios, y recibía competencias exclusivas sobre la red secundaria de transportes, sanidad, beneficencia y Derecho civil. Castellano y catalán se equiparaban, y aspectos clave como la gestión tributaria y el sistema educativo serían compartidos por el Gobierno central y la *Generalitat,* denominación histórica de las instituciones propias de la Cataluña anterior a la Nueva Planta que se recuperaba para la región autónoma.

El esfuerzo desarrollado para modernizar el país fue, en suma, inmenso. Sin embargo, algunas reformas no fueron bien enfocadas. Los ataques a la Iglesia consiguieron bien poco, aparte de sembrar el malestar entre las clases medias y ofrecer a la derecha un arma para movilizar contra el régimen a las masas católicas. Además, el Gobierno fue incapaz de entender cuán contradictorio resultaba impulsar reformas tan costosas sin dotar antes al Estado de los recursos para financiarlas. En realidad, apenas pensaron en introducir una fiscalidad más progresiva, y tampoco impulsaron el crecimiento industrial que podía haber logrado lo mismo por otra vía. Así las cosas, las reformas no eran sostenibles a largo plazo.

Por supuesto, no cabe culpar de todo a la izquierda. La obstrucción de los obispos, la patronal y los terratenientes dilató las reformas y bloqueó en parte su aplicación. La reacción violenta de la derecha fue, no obstante, minoritaria. El golpe de Estado del general José Sanjurjo, en agosto de 1932, contó con escaso apoyo. Más agresiva fue la reacción de los anarquistas, que, gracias sobre todo a lo torpe de la represión gubernamental —incapaz de superar viejos hábitos, como mostró la matanza de campesinos anarquistas por la Guardia de Asalto republicana acaecida en la localidad gaditana de Casas Viejas en enero de 1933— ofreció nuevos argumentos a la reacción. Por último, la creciente frustración de las bases obreras, decepcionadas con el Gobierno, y sus problemas internos lo condujeron a la crisis. En noviembre de 1933, los españoles eran llamados de nuevo a las urnas.

En esta ocasión, la victoria correspondió al centro, representado por el Partido Radical de Lerroux, y a los conservadores de José María Gil-Robles, líder de la Confederación Española de Derechas Autónomas (CEDA), de ambigua lealtad al régimen. Al principio se formaron Gobiernos de mayoría radical, con presencia

145

de ministros de otras pequeñas fuerzas de centro, sostenidos desde fuera por la CEDA. Su objetivo fue limar los excesos del primer bienio, pero sin privar a la República de su carácter reformista, e integrar en ella a los católicos representados por Gil Robles. Las leyes vigentes fueron aplicadas con lealtad. La reforma agraria no se detuvo, acelerándose incluso el ritmo de asentamiento de colonos, pero se derogó la preferencia en la contratación de los braceros locales. Los salarios bajaron y el paro agrícola creció, lo que provocó en 1934 una huelga general de la cosecha, que fue reprimida sin miramientos. Se suavizó la aplicación de las leyes religiosas, en especial en la enseñanza, y el clero parroquial recuperó parte de los haberes que percibía del Estado, que se había previsto suprimir en dos años. Las reformas militares quedaron intactas, pero se permitió el ascenso de oficiales poco leales. Por último, se produjeron graves tensiones entre el Gobierno central y el de la *Generalitat,* pues el Parlamento catalán aprobó de nuevo, sin cambios, una ley de Contratos de Cultivo que el Tribunal de Garantías Constitucionales había declarado contraria a la Carta Magna.

En realidad, lo que Lerroux pretendía era imposible, porque la CEDA no quería consolidar la República, sino transformarla. El apoyo de Gil Robles a los radicales era solo táctico, y ocultaba el deseo de favorecer su desgaste hasta el momento en que el jefe del Estado, el católico Alcalá-Zamora, no tuviese más salida que hacer de la CEDA la fuerza dominante del Gobierno. Así ocurrió el 3 de octubre de 1934. En el nuevo gabinete Lerroux participan ya tres ministros cedistas. Pero con lo que no contaba Gil Robles era con la reacción de la izquierda. Al día siguiente las fuerzas obreras llamaban al pueblo a la revolución.

La *Revolución de octubre* fue, de forma simultánea, una huelga general fracasada en casi toda España, un movimiento revolucionario del proletariado asturiano y un levantamiento de las autoridades catalanas contra el Gobierno legítimo de la República. Pero en modo alguno se trató de una reacción espontánea de las masas frente a una presunta amenaza fascista. En realidad, se preparaba desde hacía meses, y no pretendía sino frenar la derechización de un régimen que la izquierda consideraba suyo en propiedad e intocable en sus formas.

No obstante, si la izquierda reveló en octubre su escasa fe en la democracia, la derecha lo haría en los meses posteriores. Convertida la CEDA en fuerza hegemónica tras la defección del ala izquierda de los radicales, que condenó al partido a la inoperancia, Gil Robles pudo al fin entregarse sin disimulo a la consecución de sus objetivos. La represión de los implicados en los sucesos de octubre fue durísima. La política agraria, tras un breve interludio moderado, se caracterizó por una radical contrarreforma. Una nueva ley dio a los terratenientes expropiados el derecho a negociar la indemnización; redujo los fondos, ya de por sí exiguos, e interrumpió casi por completo los asentamientos de colonos. El Estatuto catalán fue suspendido y más tarde recortado. Los generales monárquicos ascendían con rapidez. El ritmo de construcción de escuelas decaía. Los sindicatos fueron sometidos a un férreo control y los salarios continuaban cayendo en un contexto de paro creciente que una política presupuestaria muy rigurosa no hacía nada por combatir.

En la mente de Gil Robles se perfilaba ya una España distinta, sin resquicio alguno de pluralidad regional y gobernada con mano de hierro por un Estado autoritario, corporativo y confesional. Sin embargo, para convertirla en realidad necesitaba alcanzar la presidencia del Gobierno. El momento parecía llegado a finales de 1935, cuando el Partido Radical se desintegró por completo tocado por asuntos de corrupción, sonados, pero poco cuantiosos —en el escándalo del estraperlo, por ejemplo, no hubo más sobornos que un par de relojes de oro que ni siquiera sabemos si llegaron a sus destinatarios—. No obstante, el ascenso de Gil Robles exigía la anuencia del presidente de la República, y Alcalá-Zamora, que, a pesar de ser católico y conservador, era leal al régimen, desconfiaba de Gil Robles y se negó a ofrecerle la presidencia del Gobierno.

Convencido de que el país se precipitaba hacia la guerra civil, el jefe del Estado concibió entonces la idea de interponer entre derechas e izquierdas una fuerza de centro lo bastante numerosa para condicionar la formación de mayorías parlamentarias. Para organizarla necesitaba tiempo, y trató de procurárselo mediante la formación de *Gobiernos técnicos* presididos por uno de sus amigos: Manuel Portela Valladares, centrista sin partido que debía retrasar en lo posible la celebración de nuevas elecciones.

Pero cuando estas se celebraron al fin, en febrero de 1936, no dieron el resultado apetecido por el presidente. La brutal política reaccionaria de la CEDA había convencido a las izquierdas de la necesidad de unirse de nuevo para recuperar el poder. Las derechas, asustadas, trataron de hacer lo propio, convencidas de que su derrota significaría el triunfo del marxismo. Así, en las elecciones de febrero de 1936 se enfrentaron tres fuerzas fundamentales. La izquierda se había unido en el *Frente Popular,* una alianza de republicanos, socialistas y comunistas cuyo programa prometía la amnistía a los condenados por la Revolución de 1934 y la profundización de las reformas del primer bienio. Frente a ella se sitúan las derechas, que se presentan en alianzas diversas según las regiones, pero en su mayoría articuladas en torno a la CEDA, con un programa nacionalista, autoritario y conservador. Por último, se ha constituido de cara a los comicios el llamado *Partido del Centro,* fuerza artificial creada por Portela, sin apenas programa ni implantación alguna, que confía en el control del Ministerio de la Gobernación para asegurarse un número de escaños suficiente para erigirse en árbitro de la formación de Gobiernos.

La victoria, aunque más ajustada en votos que en escaños, fue para el Frente Popular, que, gracias a la ley electoral vigente, obtuvo 278 diputados frente a 124 de la derecha y 51 del centro, el gran derrotado. El extraordinario incremento de la movilización política que la sociedad española había experimentado desde 1931 hacía cada vez más inoperantes las formas de manipulación política basadas en el caciquismo. Además, en aquel momento la situación del país no favorecía la moderación. Las tensiones propias de una sociedad polarizada en exceso desde el punto de vista económico se veían multiplicadas por los efectos de una crisis mundial. El gran número de promesas de cambio que habían quedado incumplidas por la ineficacia de la izquierda y la insensibilidad de la derecha impulsaba a las masas obreras hacia la revolución, lo que provocaba ansiedad en las clases medias y acomodadas, que podían inclinarse con mayor facilidad hacia el autoritarismo. La sociedad, en fin, se estaba dividiendo a lo largo de una línea de fractura que separaba de forma creciente a quienes deseaban la revolución y a quienes la temían. En estas circunstancias, el centro social tendía a ser fagocitado por los extremos en un proceso que se alimentaba a sí mismo, y las posibilidades de traducir políticamente las opiniones de este sector disminuían día a día.

Los hechos se desarrollaron de acuerdo con este guión desgraciado. Un nuevo Gobierno encabezado por Azaña quedó constituido el 19 de febrero. No había en él socialistas, pero su dependencia de ellos era absoluta, y el ala izquierda del PSOE, ya muy radicalizada, no creía en la república burguesa y hablaba sin cesar de la revolución. Los obreros deseaban ir más allá del

Mapa electoral de 1936. Como puede verse, la izquierda se impuso en la España urbana e industrial —con la excepción del País Vasco, dominado por el conservador Partido Nacionalista Vasco (PNV)—, así como en las provincias con un nutrido proletariado rural, mientras la derecha lo hizo en las regiones en las que predominaban los pequeños propietarios agrarios.

programa reformista burgués del Gobierno y comenzaban a aplicar por su cuenta una versión radicalizada de sus recetas. La amnistía a los presos por los sucesos de octubre de 1934, el regreso de la *Esquerra* al Gobierno catalán, el alejamiento de los generales monárquicos y la continuación de la política educativa y la reforma agraria no bastaban a unas masas que se habían lanzado a la ocupación de fincas y exigían subidas salariales incompatibles con la difícil coyuntura económica. Las clases medias conservadoras, presas del terror, se arrojaban en manos de una derecha que, insatisfecha con lo conseguido por la CEDA, había iniciado una deriva autoritaria y antiparlamentaria. Solo quedaba una salida: implicar al socialismo en el sostenimiento de la República, conciliando las reformas con una defensa decidida del orden público. Para lograrlo, sin embargo, era imprescindible que las riendas del PSOE pasasen a manos de Indalecio Prieto, jefe del ala moderada del partido y afín a las tesis de Azaña. Por desgracia, la receta no llegó a ponerse en práctica. Destituido Alcalá-Zamora, acusado, paradójicamente, de haber disuelto las Cortes anteriores de manera innecesaria, cuando dicha disolución había traído la victoria de los que ahora le destituían, Azaña fue designado para sucederle. Si Prieto se convertía en jefe del Gobierno, quizá quedaría alguna esperanza, pero el ala izquierda del PSOE se opuso frontalmente, y aquel no quiso arriesgarse a romperlo para imponerse. El elegido fue otro republicano, Santiago Casares Quiroga, y la situación del país continuó agravándose.

Mientras, una nueva conspiración se ponía en marcha. Su principal instigador, el general Emilio Mola, pretendía derrocar al Gobierno y sustituirlo por un directorio militar presidido por Sanjurjo que disolvería las Cortes, colocaría fuera de la ley a los partidos marxistas y reformaría la Constitución en un sentido corporativo y autoritario. Los asesinatos del teniente José del Castillo y el diputado derechista José Calvo Sotelo, antiguo ministro de Primo de Rivera, los días 12 y 13 de julio, respectivamente, aceleraron la trama. La sublevación estalló en Melilla el 17 de julio. Según las previsiones, debía producirse a continuación un levantamiento coordinado de todas las guarniciones, que implantarían el estado de guerra en sus demarcaciones. Si el éxito era parcial, Mola, desde el norte, y el ejército de Marruecos, desde el sur, caerían sobre Madrid, obligándola a una rendición inmediata. Sin embargo, el fracaso del levantamiento en la mitad del territorio nacional abortó los planes de los sublevados y dio comienzo, una vez más, a una guerra entre españoles.

4

Un experimento imposible

> La libertad, y no la esclavitud, es el antídoto de
> la anarquía; de la misma manera que la religión,
> no el ateísmo, es el antídoto de la superstición.
> Edmund Burke.
> *Speech on Conciliation with America,* 1775.

EL FRACASO DE UN SUEÑO

El fracaso de la Segunda República fue el resultado de la interacción de diversos y complejos factores. El primero de ellos se relaciona con el nivel de desarrollo del país en los años treinta del siglo pasado. A partir de 1900, España se había modernizado mucho, pero de manera incompleta y desigual. La industria solo era fuerte en el País Vasco y Cataluña, y ello gracias al férreo proteccionismo que la amparaba. La agricultura seguía siendo la actividad predominante y, con escasas excepciones, continuaba presa de sistemas de producción tradicionales que actuaban más como freno que como catalizador del progreso del país. La sociedad era un reflejo de la economía. Junto a los terratenientes, la gran masa de jornaleros del sur y los pequeños propietarios de tierras del norte, habían surgido clases medias urbanas, una nueva burguesía industrial y financiera y un proletariado fabril cada vez más exigente y organizado.

El resultado de tal combinación de formas socioeconómicas tradicionales y modernas era una enorme potencialidad para el conflicto. El desarrollo había alcanzado un nivel suficiente para generar demandas sociales susceptibles de ser respaldadas por una movilización de gran envergadura, pero no para satisfacerlas de forma duradera. La democracia, además, intensificó esas demandas e hizo más profundas las esperanzas de quienes las sostenían, agravando así el problema. Para los viejos republicanos, la república, que nunca llegaba, había terminado por convertirse en una suerte de *El Dorado* en la que tendrían solución todos los males seculares de España. Para los demás, la Monarquía se había desprestigiado tanto, que la república no podía dejar de aparecer como una puerta hacia un futuro más halagüeño. Una puerta que, si se cerraba de nuevo tras haber aparecido entreabierta, podía llegar a provocar un estallido revolucionario.

Como dificultad añadida, la economía mundial arrastraba, desde 1929*, una grave crisis. Su impacto, aunque relativo en un país todavía poco abierto al exterior, contribuyó a hacer aún más difícil la satisfacción de las demandas populares a la vez que las agudizaba e intensificaba la resistencia de los grupos sociales acomodados. Además, la crisis asestó un fuerte golpe a las democracias europeas, acelerando la deriva totalitaria de la izquierda y la derecha iniciada años antes. Este proceso proporcionó a los dirigentes españoles referentes sobre lo que podía deparar el futuro y les impulsó hacia una radicalización que, sumada a la de sus bases sociales, terminaría por llevar al país a una competición de extremismos que se alimentaba a sí misma y situó fuera de la política la posible solución del conflicto.

La fragilidad del sistema de partidos, la mala relación entre sus líderes y el escaso talante democrático de la mayoría de ellos vinieron a agravar aún más la situación. Los partidos leales al régimen eran muy pobres en organización, programas, democracia interna y capacidad para movilizar a las masas. En realidad, solo había dos auténticos partidos, y ninguno de ellos era republicano. El primero, el PSOE, consideraba la República como la etapa necesaria de triunfo de la burguesía previa a la revolución y la dictadura del proletariado. Por ello, y no de manera unánime, estuvo dispuesto a sumarse a los republicanos para acelerar las reformas necesarias para forzar la maduración histórica del país, a la vez que mejoraban las condiciones de las clases populares. Pero cuando las reformas revelaron sus limitaciones y sus bases se desencantaron, mientras en Europa los partidos hermanos empezaban a sufrir la ofensiva de la derecha totalitaria, se embarcaron en una estrategia revolucionaria que, como probaron los sucesos de octubre de 1934, no fue meramente verbal. Respecto al segundo, la CEDA, si bien no llegó a abandonar nunca la legalidad republicana, se planteaba como objetivo su superación en favor de un régimen autoritario, corporativo y confesional incompatible con la democracia parlamentaria liberal que pretendía encarnar la República. Y aunque su estrategia fue gradualista, resulta obvio que la colaboración del partido católico con los radicales no podía sino perseguir su desgaste como paso previo al control del poder y la realización de su programa. Y lo malo es que el régimen dependía para su gobernabilidad de ambos partidos. La izquierda republicana necesitaba a los socialistas para poner en práctica su programa reformista; los radicales requerían el apoyo de la CEDA para su proyecto de templar la República. Existía una alternativa: una gran coalición republicana capaz de compatibilizar progreso y moderación. Pero las relaciones entre los principales líderes republicanos, Alcalá-Zamora, Azaña y Lerroux, y el talante intransigente que demostraron la convirtieron en algo irrealizable. De este modo, no puede decirse en modo alguno que la aventura republicana estuviera de antemano condenada al fracaso, pero sí que se trataba de un experimento con pocas probabilidades de éxito que sus dirigentes no supieron conducir. Por desgracia, fue un país entero el que pagó sus errores.

DE NUEVO UNA GUERRA CIVIL

En julio de 1936, los sublevados habían previsto que los oficiales comprometidos en cada guarnición arrestaran a los leales al régimen, así como a los líderes locales de la izquierda, declarando en seguida el estado de guerra y haciéndose con el control de los lugares estratégicos: cuarteles, emisoras de radio, vías de comunicación, puentes, estaciones de ferrocarril... Pero las cosas no salieron según lo previsto. En algunos lugares, el triunfo se inclinó del lado de los oficiales leales; en otros, la izquierda respondió al golpe declarando la huelga general, tomando la calle, enfrentándose a los rebeldes y logrando en ocasiones su rendición. Una respuesta decidida del Gobierno quizá hubiera abortado el golpe en sus primeros momentos. Pero esa respuesta no se produjo. Casares Quiroga dimitió. Martínez Barrio, que encarnaba un intento de solución dialogada con los sublevados, ni siquiera logró formar Gobierno. Y su sucesor, el azañista José Giral, no encontró más salida que entregar armas a las organizaciones obreras, reconociendo así que la situación escapaba ya al control gubernamental.

Pasados unos días, el país se había dividido. Los insurrectos controlaban, a grandes rasgos, Galicia, Castilla la Vieja, León, Aragón, parte de Extremadura, Andalucía Occidental, Mallorca, Canarias y Marruecos. En total, quedaban en sus manos unos 230 000 km², ricos en trigo, pero sin ciudades ni zonas industriales de importancia, y algo más de diez de los veinticuatro millones de habitantes del país. El Gobierno, por el contrario, conservaba dentro de sus 270 000 km^2 la capital, con el oro del Banco de España, y las ciudades más importantes: Barcelona, Valencia y Bilbao; controlaba las zonas industriales de Cataluña y el País Vasco y las comarcas exportadoras de cítricos del Levante. Permanecen, en fin, leales al régimen las zonas donde el movimiento obrero era más fuerte y las bases del republicanismo más sólidas. Se alinean con los sublevados las regiones donde predominan los pequeños propietarios católicos y conservadores, sin más excepciones que las debidas al azar o la distinta habilidad de los protagonistas. Galicia, siendo republicana, se sublevó; Cantabria, conservadora en las urnas, permaneció leal al Gobierno gracias a la audacia de obreros y militares republicanos; Extremadura y Andalucía quedaron divididas.

El Ejército se dividió también. El Gobierno conservó el control de la Aviación y la Armada, pero la primera era escasa y obsoleta, y la segunda apenas contaba con oficiales. El Ejército de Tierra quedó desmantelado. Los generales y jefes se dividieron casi al cincuenta por ciento, pero la gran mayoría de los mandos intermedios apoyaron la sublevación o fueron víctima de rápidas purgas iniciales, de modo que apenas quedaron unos tres mil. Por el contrario, los rebeldes cuentan con el ejército de África, la élite de las Fuerzas Armadas, y la estructura de mandos necesaria para ampliarlo rápidamente mediante el reclutamiento. Desde el punto de vista militar, sin duda parten con ventaja.

También contarán con ella en el terreno de la diplomacia. Las democracias occidentales, Gran Bretaña y Francia, optaron por la no intervención. Solo la URSS, entre las grandes potencias, apoyó al Gobierno de Madrid. Por el contrario, la Alemania nazi y la Italia

fascista respaldaron sin reservas a los militares golpistas desde el primer momento. Estados Unidos no abandonó su aislacionismo.

Pero no fue todo ello lo peor para la República. Apenas estallada la guerra, las estructuras políticas del Estado se hundieron, dejando paso a distintos centros de poder, tanto sociales como regionales. La revolución, que la sublevación había venido, según sus propias proclamas, a impedir, estalló por doquier en muchas zonas en teoría leales al Gobierno republicano. Partidos y sindicatos, que poseen sus propias milicias, se entregan a purgas, asesinatos y colectivizaciones de fincas e industrias. En algunos lugares, llegan, incluso, a acuñar moneda. Los Gobiernos autónomos catalán y vasco tratan de aumentar su libertad de acción respecto a Madrid. En regiones como Aragón aparecen consejos que ejercen en la práctica el poder. Mientras, el Gobierno central —una alianza inestable de socialistas, republicanos, comunistas, nacionalistas y anarquistas— trata de reconstruir el Estado e imponer sus criterios en la dirección de la guerra. Su presidente, el socialista Largo Caballero, se instala en Valencia, dejando la capital amenazada por el general Francisco Franco, estrella ascendente entre los militares rebeldes, en manos de una Junta de Defensa. Pero, asegurada Madrid, pronto sale a la luz el verdadero problema de la República: la incompatibilidad real entre las fuerzas que la sostienen. En mayo de 1937, un incidente entre la policía de Barcelona y los anarquistas que controlaban el edificio de la Telefónica degeneró en guerra generalizada en las calles que solo terminó cuando Largo Caballero envió cuatro mil guardias de asalto. Los comunistas aprovecharon el suceso para exigir la disolución de los responsables, la anarquista Confederación Nacional del Trabajo (CNT) y el Partido Obrero de Unificación Marxista (POUM), comunista, pero contrario al estalinismo* oficial del Partido

Francisco Largo Caballero. Estuquista de profesión,
ascendió a la presidencia del gobierno español en
septiembre de 1936, teniendo que abandonarla en mayo de
1937. Representó mejor que nadie a la corriente izquierdista
del PSOE, destacándose por un ferviente deseo de unidad
proletaria que le llevó a presidir consejos de ministros de
concentración en los que logró integrar a los anarquistas.
Tras la guerra, se exilió en Francia, donde fue detenido por
la Gestapo y enviado al campo de concentración de
Oranienburg. Murió en París el año 1946.

163

Comunista de España (PCE), y cuando Largo se negó, provocaron su caída.

Le sucede al frente del Gobierno, ahora sin presencia de la anarquista CNT, el también socialista Juan Negrín, que el PCE acepta por considerarlo fácil de manipular. Con el nuevo presidente del Consejo de Ministros, puede hablarse ya de un verdadero Estado republicano. Introduce los tribunales populares para terminar con las purgas y los paseos; traslada la capital a Barcelona y reúne las Cortes; convierte al fin al Ejército en una fuerza disciplinada, aunque se ve obligado a aceptar en su seno a los comisarios políticos comunistas; limita el control obrero de las fábricas, y toma medidas para restablecer el culto católico. Sin embargo, el problema comunista no se resolvió: la URSS seguía usando al PCE como peón de su política internacional, y por ello forzó su salida del Gobierno con la intención de mostrar a las potencias occidentales que no aspiraba a controlar España. Así, en el segundo Gobierno Negrín no había ya comunistas, pero estos seguían conservando su fuerza real.

En realidad, el objetivo de Negrín fue siempre hacer aparecer a la España republicana ante Francia y Gran Bretaña como un Estado democrático burgués para lograr así su ayuda y liberarse de la tiranía soviética. Por ello, en mayo de 1938 hizo público el documento denominado *13 puntos,* que pretendía convencer a las democracias del carácter decididamente fascista del bando rebelde, pero también de las escasas simpatías comunistas de la República. Si estallaba una guerra europea, Negrín quería aparecer como aliado de franceses y británicos. Por desgracia para él, la política que se impuso fue la del primer ministro británico Neville Chamberlain, el apaciguamiento, y a pesar de las provocaciones del dictador alemán, Adolf Hitler, la guerra no estalló. Así las cosas, la suerte del conflicto estaba echada, y aunque Negrín se obstinó en resistir

Juan Negrín trabajó denodadamente para restablecer la
autoridad del Estado. Su supuesta complicidad con el Partido
Comunista no fue bien vista por el resto de los republicanos,
que iniciaron un proceso de distanciamiento que degeneró
en odios enconados hacia su persona.

en espera del estallido final de una conflagración europea, el punto de vista de los derrotistas se impuso y la rendición fue inevitable.

La historia del otro bando es por completo distinta. Su evolución política no fue sino un proceso de construcción progresiva de un Estado partiendo de las estructuras del Ejército y los partidos que apoyaron la sublevación, y de los ideales centralistas, autoritarios, corporativos y confesionales que compartía el conjunto de la derecha antiparlamentaria, todo ello bajo la autoridad incuestionable del general Franco, jefe de los sublevados desde octubre de 1936.

Así, tras una represión organizada y sistemática, el autoproclamado bando *nacional* se aprestó a organizar la retaguardia. Como ello exigía un aparato político y administrativo, se estableció en Burgos, bajo liderazgo del general Cabanellas, una *Junta de Defensa,* sustituida el 1 de octubre de 1936 por un primer Gobierno, ya presidido por Franco, en Salamanca. No hubo disensiones. El general concentró todos los poderes y se entregó a la tarea de crear un aparato político y militar eficaz y sumiso. Apoyándose en la ayuda nazi y fascista, los mandos existentes y la figura del alférez provisional como oficial en funciones, organizó en poco tiempo un verdadero ejército. La producción y el mercado fueron sometidos a las restricciones y a la planificación propias de una economía de guerra moderna, mientras se imponía una radical contrarreforma agraria y se introducían las primeras medidas de cuño corporativista católico, contenidas desde 1938 en el Fuero del Trabajo. Por último, se definieron las bases políticas e ideológicas del futuro régimen franquista. La unificación por decreto, en abril de 1937, de todas las fuerzas políticas que sostenían la sublevación en el denominado Movimiento Nacional, nombre abreviado de la Falange Española Tradicionalista y de las Juntas de

Ofensiva Nacional Sindicalista (FET-JONS) —que, para abreviar, seguiremos de aquí en adelante denominando Falange— aseguró a Franco un instrumento dúctil para su política. Su revestimiento de un ropaje ideológico capaz de asegurar la cohesión y facilitar la movilización, de cuño antimarxista y antiliberal, con un poco de fascista y mucho de tradicionalista, fortaleció sin duda al régimen naciente. El apoyo expresado en seguida por la Iglesia católica por medio de la Pastoral Colectiva de 1 de octubre de 1936, que sancionó la guerra como cruzada legítima contra el ateísmo y el materialismo, acabó de consolidar su popularidad entre las masas católicas y conservadoras del país.

La diferente evolución política de ambas zonas condicionó el desarrollo militar de la guerra. En julio y agosto de 1936, empezaron a ver la luz en diversos puntos del país pequeñas agrupaciones de unos cientos de hombres, mal armados y disciplinados, que se movilizaron con presteza con el fin de tomar cuanto antes objetivos concretos. La *Columna Durruti,* constituida por milicianos anarquistas, fue enviada desde Barcelona hacia Aragón. Desde Navarra y Valladolid partieron columnas de militares y requetés carlistas para tomar Madrid, objetivo prioritario de los sublevados. Y también se envió una columna similar hacia el País Vasco. Mientras, el PCE organiza en la capital el denominado *5.º Regimiento.* Los frentes propiamente dichos aún no existen.

Muy pronto las cosas cambian. Recibidos en el Marruecos español los primeros aviones alemanes e italianos, las tropas de Franco cruzan el estrecho y comienzan a avanzar con rapidez hacia Madrid. Caen, una tras otra, Almendralejo, Mérida, Badajoz, Talavera de la Reina y el Alcázar de Toledo, símbolo de la resistencia de la República. Mientras, los republicanos fracasan en su intento de tomar Mallorca, y el general Emilio Mola marcha desde Navarra hacia el oeste con la intención de tomar el País Vasco. Pero las tropas de Franco se estrellan contra las defensas de la capital. El primer ataque, que dio lugar a la batalla de la Carretera de La Coruña, se produjo en el otoño de 1936 desde el oeste. Las tropas de los generales Emilio Mola y José Enrique Varela penetraron por la Ciudad Universitaria y la Casa de Campo, al oeste, y llegaron hasta la plaza de España, en el sudoeste de la ciudad. La República contó con el apoyo de la Primera Brigada Internacional constituida por voluntarios antifascistas reclutados en diversos países, y una urgente remesa soviética de carros blindados y aviones, lo que le permitió resistir. En febrero de 1937, Franco lo intentó de nuevo desde el sudeste, lo que provocó la llamada batalla del Jarama. Cinco brigadas avanzaron hacia Madrid por la carretera de Valencia, enfrentándose a la dura resistencia de las Brigadas Internacionales. El combate termina en tablas, pero Madrid resiste. Apenas dos semanas después, mientras el general Luis Orgaz ataca de nuevo en el Jarama, comienza la batalla de Guadalajara, cuando las tropas italianas y la división de José Moscardó, con gran apoyo de aviación y blindados, atacan en dirección a la pequeña ciudad situada al nordeste de la capital. El despliegue de material fue impresionante, pero el mal tiempo jugó contra los italianos, cuyos aviones, que operaban desde aeródromos improvisados, no pudieron despegar, lo que concedió la superioridad aérea a los republicanos y decidió la batalla.

Convencido de que la conquista de Madrid sería difícil, Franco decide entonces apoderarse de la base industrial del norte y prepararse para una guerra de desgaste. El 31 de marzo de 1937, Mola retomaba la ofensiva en el País Vasco con apoyo aéreo y naval. El 26 de abril es bombardeada Guernica. En junio, cae Bilbao. El mando de la República trata de frenar el avance franquista en el norte mediante una ofensiva en

Madrid. En julio, con cerca de ochenta mil hombres y unos trescientos aviones, los republicanos se lanzan sobre Brunete, al sudoeste de Madrid, y consiguen, gracias a la sorpresa, un éxito inicial que se diluye tan pronto como Franco puede enviar tropas de refuerzo. Los vascos se rinden entonces a los italianos, y Santander parece incapaz de resistir al avance de los sublevados. Para retrasar su caída y la de Asturias, fundamental por sus recursos mineros y sus industrias de armamento, el mando republicano recurre entonces a una nueva maniobra de diversión, en esta ocasión sobre Aragón. El 24 de agosto, las tropas republicanas atacan Belchite, pero Franco envía apoyo aéreo y logra frenar el avance antes de que los republicanos alcancen Zaragoza sin detener su progresión sobre Asturias, que hubo de rendirse en octubre. La superioridad industrial del bando republicano había concluido.

La fase decisiva de la guerra transcurre entre diciembre de 1937 y noviembre de 1938. Los republicanos lanzan entonces sus ofensivas más importantes, poniendo en juego enormes masas de hombres y material en un intento desesperado de cambiar el curso del conflicto. Su fracaso selló su destino, pues quedaron imposibilitados de organizar nuevas ofensivas y el fin de la refriega fue ya solo cuestión de tiempo. La primera de ellas, en diciembre de 1937, se centró sobre Teruel, saliente de las líneas nacionalistas sin ningún valor militar que los republicanos atacaron para frenar la nueva ofensiva franquista sobre Guadalajara. El coste en hombres y material fue enorme y el resultado careció de valor, pues los republicanos no lograron conquistar más que unos 800 km^2, que en seguida perdieron. Franco inició entonces su ofensiva sobre Aragón con tal éxito, que en poco más de un mes sus tropas llegaban al Mediterráneo en Vinaroz, en el norte de la provincia de Castellón, cortando en dos el territorio de la República. El mando republicano reaccionó

San
Sebastián

FRANCIA

ia

Pamplona

roño

Huesca

Lleida

Girona

Zaragoza

Barcelona

adalajara

Tarragona

Teruel

Castellón

Islas Baleares

Menorca

Cuenca

Valencia

Ibiza

Palma de Mallorca

Albacete

Alicante

Formentera

Murcia

Almería

Mar Mediterráneo

OCTUBRE 1937

Melilla

echando el resto. En julio, unos ochenta mil soldados cruzaban el Ebro con el objetivo de hacer retroceder a las tropas nacionalistas y reunificar el territorio republicano. Se iniciaba así la batalla del Ebro, la más importante y decisiva de la guerra, que habría de prolongarse hasta el mes de noviembre. Como siempre, tras la sorpresa inicial, Franco reaccionó enviando las tropas y el material necesarios para parar la ofensiva, primero, y contraatacar, después. El contraataque nacionalista comenzó en octubre y en poco tiempo recuperó todo el territorio perdido y obligó a los republicanos a cruzar de nuevo el río. El fin de la guerra era ya solo cuestión de tiempo.

En diciembre de 1938, Franco se lanza sobre Cataluña con 300 000 hombres, casi 600 piezas de artillería y 500 aviones. A finales de enero de 1939 Barcelona se rinde a su ejército y el resto de la región apenas se resiste, a pesar de los ataques de diversión en Extremadura y Madrid y la llegada de nuevas armas soviéticas. La República cuenta aún con 500 000 hombres y un tercio del país, pero el derrotismo se impone. En marzo, el coronel Segismundo Casado, con el apoyo del socialista moderado Julián Besteiro y los desilusionados líderes anarquistas, se levanta en Madrid y termina por imponer su voluntad de forzar un final negociado de la guerra frente al deseo de Negrín de resistir a toda costa. Pero Franco no desea negociar: solo aceptará la rendición incondicional. El 1 de abril terminaba la guerra.

¿Por qué fue derrotada la República? Los factores son múltiples, pero actuaron en una suicida combinación de falta de unidad política, tardía disciplina militar, oficialidad escasa y sin formación y tácticas militares conservadoras. Dicho de otra forma, los militares sublevados se alzaron con la victoria gracias a su rápida unidad militar, política e ideológica, la mayor importancia de la ayuda extranjera que recibieron, un uso más imaginativo del armamento, que no siempre era mejor que el republicano, y una oficialidad más numerosa y competente.

El papel de la intervención extranjera resultó fundamental, pero no determinante. El principio de la *no intervención,* formulado por las democracias, negaba a la República los beneficios que debían corresponder al Gobierno legal de un país. Además, cuando las potencias fascistas, primero, y la URSS, después, violaron el principio, británicos, franceses y estadounidenses no hicieron nada por impedirlo. Francia, deseosa de ayudar a un régimen republicano gobernado por la izquierda, como el suyo, no lo hizo porque necesitaba la amistad británica frente a Alemania, que acababa de ocupar Renania, y el premier británico, Chamberlain, apostaba por el apaciguamiento. Respecto al Gobierno estadounidense, aunque Franklin D. Roosevelt simpatizaba con Azaña, no se apartó de su tradicional política de aislamiento. Así, con el único apoyo de México, la República tuvo que echarse en manos del dictador soviético Josif Stalin, que se cobró muy cara su ayuda, la más importante en términos de material. Sin embargo, la ayuda humana fundamental recibida por la República fueron las Brigadas Internacionales, unos sesenta mil voluntarios de todo Occidente que llegaron a España movidos por sus ideas o por la desesperación. Usados como tropas de choque, murieron en gran número, pero su importancia no fue comparable a la del mucho más cualificado personal soviético.

La ayuda recibida por el bando franquista fue superior. Italia envió unos ochenta mil hombres, integrados en el denominado Cuerpo de Tropas Voluntarias (CTV), que, a pesar del nombre, incluía unidades militares regulares y personal especializado. Además, los italianos enviaron armamento, municiones y vehículos. Alemania suministró muchos menos hombres, aunque

FRANCIA

San Sebastián

Pamplona

Huesca

Girona

Lleida

Barcelona

Zaragoza

Tarragona

Teruel

Castellón

Islas Baleares

Menorca

Cuenca

Ibiza

Palma de Mallorca

Valencia

Formentera

Albacete

Alicante

Murcia

Mar Mediterráneo

Almería

**FEBRERO
1939**

Melilla

LUIS E. ÍÑIGO FERNÁNDEZ

180

casi todos especialistas, pero mucho armamento, sobre todo aviones y artillería antiaérea, integrados en la denominada Legión Cóndor, responsable del bombardeo sobre Guernica.

El coste de la ayuda fue enorme, en torno a mil cuatrocientos millones de dólares de la época, lo que suponía el doble aproximadamente de las reservas en oro del Banco de España. Estas, depositadas en parte en Moscú, fueron gastadas por los Gobiernos republicanos en el pago de la ayuda soviética y la adquisición de armamento en el mercado internacional. Franco tuvo que comprar a crédito, pero no gastó menos que la República. La guerra civil fue una catástrofe para España. Para otros Estados o empresas fue una bendición.

LA IDENTIDAD DEL NUEVO RÉGIMEN

Fuera como fuese, la victoria del general Franco daba comienzo a la más dilatada de nuestras dictaduras militares, un régimen autoritario de casi cuarenta años de duración en el que, sin haberlos conocido apenas, los españoles volvieron a verse privados de sus derechos y libertades.

¿Pero qué fue el franquismo? ¿Se trató, sin más, del fascismo *a la española?* ¿Muestra, más bien, una reacción defensiva de las clases dominantes tradicionales amenazadas por la República? ¿Era tradicionalista o modernizador? ¿Fue su apuesta por el desarrollo una prioridad o una coartada?

La verdad es que, a lo largo de casi cuatro décadas, nada fundamental permaneció lo bastante estable como para identificar al régimen dentro de las categorías al uso. Nada excepto una cosa: la presencia, continua e inevitable, del propio Franco. Su Gobierno fue siempre, con la excepción poco representativa de los últimos meses, una dictadura personal, un sistema en el que, sin importar con quién los compartiera o quiénes los detentaran en su nombre, el poder y la autoridad emanaban solo de él. El Ejército la sostenía, pero no era una dictadura del Ejército; la Iglesia la apoyó mientras lo creyó adecuado, pero no se trataba de un Gobierno de la Iglesia; la Falange desempeñó un papel de cierta importancia en el régimen, pero nunca comparable al del partido único de los fascismos, y acabó por no ser otra cosa que un mero dispensador de servicios sociales. No son necesarios otros calificativos. El que mejor define al régimen es el de *franquismo:* un orden político construido en torno al ejercicio unipersonal del poder por parte de un solo individuo, Francisco Franco.

Entender el franquismo exige, por tanto, entender a su fundador. Y Franco era, antes que nada, un militar, no uno cualquiera, sino un *africanista** imbuido de los principios que caracterizaron a toda una generación de oficiales formados en la guerra de Marruecos; un militar de clase media, convencido de que el Ejército era el depositario de las esencias de la nación y la garantía de su unidad; empapado de valores como el orden, la disciplina, la autoridad; obsesionado con el peligro comunista, en el que veía el heredero natural del liberalismo y la democracia, causantes de todos los males de España. También era católico, a la manera tradicional, sin concesión alguna a los vientos de cambio que terminaron por adueñarse de la Iglesia; un católico poco cultivado, nada avezado en doctrina ni dogmas; un providencialista convencido de su papel de Mesías enviado a España por voluntad de Dios. Y, por último, era también un típico español de clase media, anodino, desconfiado, incapaz de remontar su entendimiento por encima de lo inmediato, aunque astuto y frío, como el hábil comandante de tropas que nunca dejó de ser. Su escasa cultura no iba más allá de unos cuantos tópicos

Francisco Frnaco Bahamonde (Ferrol, La Coruña, 4 de diciembre de 1892 - Madrid, 20 de noviembre de 1975). Su gobierno fue siempre una dictadura personal, un sistema en el que el poder y la autoridad emanaban solo de él.

al uso, fruto de sus pobres lecturas y de su desprecio hacia unos intelectuales que consideraba personas vanas y pagadas de una superioridad que no poseían. Sus aficiones no pasaban de ser prosaicos ritos en nada diferentes a los de tantos españoles que, como él, consumían su tiempo en pescar, cazar, rellenar quinielas, jugar a las cartas o ver televisión. A lo más, el invicto general tenía el espíritu de un *tertuliano de café,* como lo llamara el político nacionalista catalán Francesc Cambó, en el que no cabían elaboradas construcciones teóricas.

Pero ese hombre mediocre, la antítesis en tantas cosas de un líder carismático, llegó a convertirse en un verdadero maestro de la supervivencia. *Durar* pasó a ser su obsesión, y para durar no había mejor camino que adaptarse, cambiar todo lo que hubiera que cambiar en el régimen, siempre que no se pusiera en peligro el núcleo duro de las creencias del general: el catolicismo y la unidad nacional. A la larga, tal pretensión era absurda, y la ejecutoria misma del régimen terminó por conducir a su desaparición. Pero para ello fueron necesarios casi cuarenta años, cuatro décadas a lo largo de las cuales el franquismo cambió de forma lo bastante nítida para hacer posible una periodización.

EL FASCISMO QUE NO PUDO SER

1939 no trajo la paz, sino la victoria de unos españoles sobre otros. Para los vencidos sonaba la hora triste de la represión. Decenas de miles fueron ejecutados; muchos más sufrieron penas de cárcel; todos padecieron, de uno u otro modo, la marginación, las dificultades para encontrar trabajo, la necesidad acuciante de probar la limpieza de su pasado, dudoso por el mero hecho de haber permanecido en zona republicana durante la guerra. Y mientras, una verdadera

Curioso cartel colocado en una localidad catalana en el que
se relacionan los nombres de los desertores del Ejército
Popular, los mismos que, como puede verse en la parte
inferior derecha, se convierten en «Buenos Patriotas»
al llegar los «nacionales». Los vencedores siempre
escriben la historia.

muchedumbre de profesores, poetas, abogados, médicos y periodistas tomaba el amargo camino del exilio sin esperanza de retornar algún día a esa España que, siendo también suya, les habían arrebatado.

Dejaban tras de sí una tierra arrasada: pueblos y ciudades destruidas por las bombas, carreteras y líneas férreas inutilizables, campos improductivos, ganados exterminados y fábricas abandonadas. Dejaban un país en ruinas que apenas producía tres cuartos de lo obtenido antes de la guerra, sin oro ni divisas para sostener una moneda que se hundía, y golpeado por la inflación, la miseria y el hambre, que empujaban de vuelta al campo a incontables moradores de las sombrías ciudades, hartos de sufrir el paro, el racionamiento, la corrupción y el mercado negro. Dejaban una nación olvidada por un mundo que entregaba de nuevo a la guerra los recursos que necesita para salir del abismo, y que luego, derrotado el fascismo, identifica con él al régimen franquista y lo condena al aislamiento. Y dejaban, en fin, una economía sometida a una política errónea que hace de la autarquía* su norma y su norte, persiguiendo una independencia inalcanzable para un país pobre en recursos que siente asfixiarse con su intervencionismo corrupto su débil hálito de crecimiento.

La minería, los combustibles, la telefonía, los ferrocarriles, las líneas aéreas pasaron a propiedad del Estado, presto a dirigir el nuevo despegue industrial que se creía posible a golpe de leyes y burocracia. El Instituto Español de Moneda Extranjera controlaba cada divisa que entraba y salía del país; el Instituto Nacional de Industria levantaba de la nada fábricas de aluminio y de camiones, refinerías y astilleros, siderurgias y plantas eléctricas, pantanos y vías férreas. Y si unos pocos empresarios amasaban fortunas a su sombra, la agricultura pagaba en forma de precios bajos y costes elevados la factura terrible de la ineficiente industria, anclada en su secular atraso, y los obreros sufrían el subempleo o el paro, los salarios de miseria, los alimentos a precio de oro y el sistema fiscal regresivo. Veinte años de atraso costaría a España aquella política, los que el país tardó en recuperar los niveles de renta de los años treinta.

Pero no era la economía la principal preocupación del régimen, sino determinar cuál de las distintas familias de la derecha autoritaria se impondría a las demás y modelaría a su gusto sus instituciones. Por supuesto, la lucha resultó en buena medida condicionada por el contexto internacional. La que la historia habría de conocer después como segunda guerra mundial había dado comienzo el 1 de septiembre de 1939 con la invasión nazi de Polonia y la inmediata declaración de guerra a Alemania por parte de franceses y británicos. Demócratas y fascistas se enfrentaban ya, pues, en una guerra total de la que solo uno de los dos bandos podía salir con vida. Y dado que los segundos habían sido aliados de Franco y la victoria parecía inclinarse al principio de su lado, no es raro que sus émulos en España trataran de configurar el régimen según los cánones del fascismo.

Lo intentan, pero no lo logran. El ministro de Gobernación, Ramón Serrano Suñer, su cabeza visible, trató de valerse de la confianza depositada en él por Franco, a la sazón, su cuñado, para conducir poco a poco su Dictadura a la homologación total con la Italia del dictador Benito Mussolini. El poder del jefe del Estado se fortaleció. La Falange, a imitación del partido único italiano, tomó el control de la Administración. La economía fue sometida a la estricta planificación de numerosos organismos reguladores. Una dura legislación de orden público tipificó de delito cualquier oposición, haciendo posible su represión inmediata. Los símbolos y los valores del fascismo fueron difundidos hasta la saciedad, a veces incluso de forma paradójica. En ocasiones incluso se importaron consignas ajenas si se adaptaban a los propios fines, con ejemplos tan curiosos como el famoso grito «Arriba España» que se copió del conocido «Gora Euzkadi» de los nacionalistas vascos. Y, en fin, el régimen impulsó en tierras norteafricanas un imperialismo tan retórico como imposible.

Mientras, la política exterior franquista pasaba en poco tiempo de la neutralidad a la no beligerancia, acompañando proclamas y gestos con prebendas y concesiones crecientes que, en mayor o menor medida, respaldaban los avances de las tropas nazis, y resistiendo, con prudencia forzada por la postración del país, las presiones alemanas para que España entrara en la guerra. Pues, antes que la habilidad escurridiza de Franco, fue esa postración y el desequilibrio entre lo que los españoles podían dar y lo que pedían a cambio el factor decisivo que apartó al régimen de una guerra en la que los fascistas españoles deseaban entrar a toda costa, sabedores de que ello habría supuesto su triunfo sobre las demás corrientes ideológicas o *familias* del régimen, como con más frecuencia se las conoce. Así las cosas, la ayuda española se limitó al envío a la URSS de un cuerpo de voluntarios, la llamada *División Azul,* la promesa, incumplida, de nutrir a la industria alemana con un nutrido contingente de trabajadores españoles, y el incremento en el suministro de materias primas y minerales estratégicos.

Pero Serrano y la Falange se habían embarcado en una lucha que no podían ganar. Se lo entorpecía su debilidad, fruto del carácter ficticio de la mayoría de sus afiliados y su escaso éxito en sus intentos de ocupación de la sociedad. Se lo dificultaba la carencia de un líder carismático, un papel que Franco, con su voz aflautada y su apariencia mediocre, no parecía llamado a desempeñar. Pero, sobre todo, se lo impedía la férrea oposición de la institución que constituía el

Ramón Serrano Suñer

sostén más poderoso del régimen: el Ejército. Los militares españoles, católicos y tradicionalistas en su mayoría, monárquicos en buena parte, veían en Franco al jefe necesario, al que respetaban por su competencia militar y obedecían por disciplina. Pero también era para ellos un primero entre iguales al que en modo alguno deseaban ver encumbrado a la jefatura de un Estado totalitario de inspiración fascista. Y respecto al mismo Franco, no entraba en sus cálculos ni una cosa ni la otra. Ni era su deseo convertirse en representante ejecutivo de una dictadura militar, ni en cautivo de un partido único todopoderoso. Le obsesionaba conservar el poder, pero con las manos libres para usarlo a su antojo, pues creía que la misma Providencia le había encomendado la misión histórica de salvar a España de liberales, masones y comunistas. Pronto comprendió que ello exigía, dadas las evidentes diferencias entre las fuerzas que lo apoyaban, asegurarse de que ninguna de ellas se impusiera por completo, pues si esto sucedía, él mismo terminaría por ser su esclavo, y de lo contrario, todas se servirían de él como mediador. Por ello hizo un arte del arbitraje y lo practicó siempre con habilidad. Y así procedió ya entonces, cuando la lucha entre falangistas, de un lado, y carlistas, monárquicos y militares, de otro, se resolvía una y otra vez mediante destituciones y nombramientos guiados por la meta de preservar el equilibrio entre familias del que dependía la estabilidad del régimen y el poder del mismo Franco.

UN POCO DE COSMÉTICA

En 1942, entró en juego un nuevo factor. Al ser ya evidente que la derrota del Eje era solo cuestión de tiempo, privar a la Falange de su predominio no solo era necesario para conservar el apoyo del Ejército y los monárquicos, sino también para la supervivencia misma del régimen, que no podía seguir apareciendo como fascista a ojos de los seguros vencedores de la guerra. Había llegado el momento de cambiar para que todo siguiera igual. El franquismo debía aflojar los lazos con sus amigos de antaño y sustituir sus incómodos ropajes fascistas por unas vestiduras que lo hicieran más aceptable ante las democracias. El totalitarismo empezó a presentarse como un medio al servicio de la salvación de la patria, no como un fin; el autoritarismo, como un ingrediente propio de la tradición española. A las palabras acompañaron pronto los gestos. En un golpe de efecto, Franco hizo reunir unas Cortes en las que, junto a los jerarcas de Falange, ocuparían escaño miembros de la Iglesia, la nobleza y el Ejército. La diplomacia española iniciaba su alejamiento del Eje. La llamada *teoría de las tres guerras* proclamaba a España favorable a Estados Unidos en su lucha con Japón, neutral en el conflicto entre Alemania y los Aliados, y proclive a la primera en su cruzada anticomunista. Caído el régimen de Mussolini en julio de 1943, el franquismo abandonó la no beligerancia benévola con Hitler y retornó a una *neutralidad vigilante*. Las facilidades militares dadas a alemanes e italianos se recortaron. Tras el desembarco de Normandía, en el verano de 1944, Barcelona se convirtió en puerto libre para el trasbordo de material aliado; sus patrullas antisubmarinas sobrevolaban sin obstáculos el espacio aéreo español, y el volframio cedido a los alemanes comenzaba a alimentar a las fábricas norteamericanas y británicas.

En mayo de 1945 se rendían los alemanes; en agosto, los japoneses. El fin de la guerra aceleró los cambios. Franco remodeló su gabinete e impulsó una batería de disposiciones de rango constitucional que tenían por objeto completar la homologación de su régimen con las democracias occidentales, pero sin alterar en lo más mínimo su poder personal. La Falange debía ceder su sitio a la religión, el lado más amable del franquismo ante una Europa en la que la democracia cristiana empezaba a asumir un papel esencial. En julio de 1945 entraban en vigor tres normas fundamentales. La nueva ley de Enseñanza Primaria hacía del catolicismo un principio tan esencial de la educación como el servicio a la nación. El Fuero de los Españoles, calco imperfecto de una declaración de derechos, concedía a los ciudadanos algunas de las prerrogativas básicas en un Estado democrático. Y la ley de Régimen Local implantaba la elección parcial de los ayuntamientos por familias y sindicatos. En octubre del mismo año, la ley de Referéndum introducía también esta práctica democrática en la aprobación de leyes fundamentales, y una nueva norma electoral reducía la designación de los procuradores en Cortes por el jefe del Estado en favor de un sistema corporativo indirecto. Por último, desaparecían las formas externas propias del fascismo, y una amnistía general alcanzaba a los condenados por delitos cometidos durante la guerra civil.

Pero la ahora llamada *democracia orgánica* no pasó de mera cosmética. El jefe del Estado conservaba para sí la totalidad del poder. El Fuero de los Españoles concedía derechos, pero no todos los propios de una democracia, y no lo acompañó la derogación de las leyes con las que chocaba de plano. Las reformas electorales pronto revelaron su limitado alcance. Las elecciones municipales, los referendos o los comicios a Cortes jamás se desarrollaron con las mínimas garantías de limpieza y transparencia, con lo que no pasaban de simulacros controlados sin otro objetivo que disimular la realidad. Y aunque la Falange había perdido protagonismo, continuaba siendo el único partido legal, del que el régimen se valía para adoctrinar y reprimir a las masas, nutrirse de cuadros e

23 Es misión esencial del Estado, mediante una dis... la educación, conseguir un espíritu nacional fuerte... en el alma de las futuras generaciones la alegría y e... tría. Todos los hombres recibirán una educación... prepare para el honor de incorporarse al Ejército nacional y...

Según este Punto el Estado Nacional-Sindicalista se propone conse... un espíritu nacional fuerte y unido, e instalar en el alma de las fu... generaciones la alegría y el orgullo de la Patria.

Este espíritu nacional manda que todas nuestras acciones vayan e... minadas hacia el bien común de España, porque sin pensar en ella e... posible trabajar para ella; sin concebir a la Patria como unidad de d... no, no hay posibilidad de ser un pueblo fuerte.

Por eso la Falange quiso acabar con aquella diversidad de discip... y de enseñanzas supeditadas no a lo más conveniente para el engran... miento de la Patria, sino a las teorías de tal o cual señor –casi sie... extranjero– que muchas veces iban contra la Patria misma.

Este espíritu nacional se recibe con la educación. Por eso en el rég... Nacional-Sindicalista toda la enseñanza está protegida por el Esta... ello, porque tan inadmisible es que el Estado se desentienda de la e... ción de los ciudadanos, como que un padre abandone la educación d... hijos sin preocuparse de si hay maestros que les enseñan a creer en ... a odiarle.

Instalando en el alma de las futuras generaciones la alegría y el ... llo de la Patria, no podrá volver a repetirse el estúpido caso de que ... españoles la separación de cualquier región española, y de que esp... griten con mucho más gusto viva Rusia que viva España.

La Falange se ocupa, en fin, de la educación premilitar de las ju... des, porque con ella se adquiere ese espíritu de milicia, esa manera ... mitad monjes y mitad soldados, de que nos hablaba José Antonio, ... forman la verdadera esencia de las virtudes humanas: obediencia, ... desprendimiento.

Suelto publicado en el diario Arriba el 6 de julio de 1947.
A pesar de la cosmética que el franquismo había comenzado
a aplicarse para disimular sus similitudes con los regímenes
fascistas derrotados, la Falange no abandonó su retórica tradicional,
solo diferente de la de sus desaparecidos partidos homólogos
en su firme apuesta por la religión católica.

incluso, cuando era necesario, servir de chivo expiatorio hacia el que desviar las críticas.

Por ello, aquel *constitucionalismo cosmético* no convenció a nadie. No persuadió a los monárquicos, que, siguiendo a Juan de Borbón, heredero de Alfonso XIII, proclamaron en el Manifiesto de Lausanne, como alternativa al franquismo, la Monarquía constitucional, respetuosa con los derechos de los individuos y las regiones. Tampoco a la oposición, que intensificó su presión dentro y fuera de España con el fin de desestabilizar al régimen y forzar la intervención contra él de las democracias. Y menos aún a las potencias vencedoras, que siguieron identificando a Franco con el fascismo derrotado y lo excluyeron de las instituciones internacionales nacidas al término de la segunda guerra mundial.

El franquismo se convirtió en el apestado de Occidente. En el verano de 1945, no fue invitado a la Conferencia de San Francisco, de la que nacería la Organización de las Naciones Unidas (ONU). Luego, en Potsdam, los líderes de las principales potencias aliadas acordaban dejar a España fuera de la ONU. En 1946, Francia cerraba su frontera, y, junto a Gran Bretaña y Estados Unidos, publicaba una declaración condenando el franquismo. Por fin, la Asamblea General de las Naciones Unidas aprobó, con solo seis votos en contra, una resolución por la cual España era expulsada de los organismos internacionales y se invitaba a los países miembros a retirar sus embajadores en Madrid. 1946 y 1947 marcaron el máximo de presión sobre el régimen. Al cerco diplomático se sumó el bloqueo económico parcial. Solo la Argentina de Perón mantuvo sus relaciones comerciales con España. Las huelgas se multiplicaron. El *Maquis,* la guerrilla que luchaba, entre otros lugares, en las zonas montañosas del norte y del este del país, multiplicó, aunque sin mucha repercusión efectiva, sus sabotajes y atentados.

Los republicanos, que habían reconstruido en el exilio las instituciones legítimas, trataban de concertar su acción con la de los juanistas, y sus embajadores presionaban a las potencias democráticas en favor de la intervención en España.

Y, sin embargo, el régimen sobrevivió. No porque sus cambios, epidérmicos, convencieran a nadie. Tampoco porque el mundo se dejara engañar por su conversión oficial en Monarquía, sancionada por la ley de Sucesión a la Jefatura del Estado de marzo de 1947. Ni mucho menos porque sus pobres logros económicos ofrecieran motivo alguno para respaldarlo. Lo hizo porque Franco había sido capaz de crear en torno suyo un entramado de intereses de buena parte de las capas medias y altas de la sociedad, que consideraban su nivel de vida garantizado por el régimen; porque la enorme presión exterior tuvo el paradójico efecto de despertar en muchos españoles, que se sentían agredidos por la injerencia extranjera, el instinto numantino de resistencia a toda costa; y porque, en fin, la coyuntura internacional se transformó con increíble celeridad en los años posteriores a la Segunda Guerra mundial. El comienzo de la Guerra Fría* convirtió al comunismo en el nuevo enemigo de Occidente; hizo primar las consideraciones estratégicas sobre las políticas, y convirtió a España en útil plataforma desde la que asegurar la defensa de Europa en caso de un hipotético conflicto entre los dos grandes bloques en que se estaba dividiendo el mundo. La Historia parecía absolver a Franco y, contra todo pronóstico, empujaba a su régimen hacia el futuro.

Pero las cosas no cambiaron de un día para otro. Fue en 1950, al iniciarse la guerra de Corea, cuando el régimen franquista empezó su rehabilitación diplomática, que culminaría tres años después. En noviembre, la ONU revocaba las recomendaciones de su resolución de 1946 y permitía la incorporación paulatina de

España a los distintos organismos internacionales, que llevó a su admisión en la propia ONU en 1956. Pero los pasos decisivos se habían dado en 1953. En agosto el Gobierno español había firmado un concordato con la Santa Sede; en septiembre, un pacto con Estados Unidos. España había dejado ya de ser un paria en el mundo de la posguerra.

El precio fue, sin embargo, muy alto. El concordato concedía a la Santa Sede mucho más de lo que obtenía de ella. El catolicismo sería la religión oficial de un Estado que solo toleraría el culto privado de otras confesiones, recibiría fondos públicos cuantiosos y pingües exenciones fiscales, tornaría en fiestas oficiales una nutrida relación de celebraciones litúrgicas y jugaría un papel fundamental en asuntos propios del Estado, como la regulación del matrimonio y la educación. A cambio, el régimen tan solo recibía el derecho de presentar los candidatos a obispo. Pero Franco había logrado lo que perseguía: el marchamo de respetabilidad que le otorgaba el reconocimiento de una institución influyente y prestigiosa. Lo mismo puede decirse del pacto sellado con el Gobierno estadounidense. España cedía a Washington el derecho a construir y utilizar por un período de diez años cuatro bases militares en su territorio, y se comprometía a estabilizar la peseta y controlar el fuerte déficit presupuestario. A cambio, los Estados Unidos le concederían ayuda militar y económica. Pero se trataba de un acuerdo desigual. En lo militar, establecía derechos y obligaciones distintos para ambas partes, y no equiparaba a España, que quedaba fuera de la OTAN, con el resto de los aliados estadounidenses. En lo económico, concedía a nuestro país mucho menos que lo recibido por la mayoría de los países europeos a través del Plan Marshall, clave de la rápida recuperación económica de la Europa Occidental tras la segunda guerra mundial. Pero, como en el caso del concordato, el régimen obtenía lo que le interesaba. Su aislamiento había acabado. Sus posibilidades de supervivencia no eran ya una incógnita, sino una certeza.

Sin duda se iniciaba la etapa de plenitud del franquismo. Gracias a la ayuda estadounidense, el final del bloqueo, la propia recuperación de la economía mundial y el abandono progresivo de los suicidas postulados autárquicos, España empezó a recobrarse. El dinero y la comida de los americanos ponen fin al racionamiento y al mercado negro. La producción se dispara a tasas del 8 % anual. Las materias primas y los recursos energéticos importados reaniman a la industria, que se vale del capital acumulado y los salarios todavía bajos para embarcarse en un rápido crecimiento. Se construyen grandes aeropuertos, modernos trenes y magníficos embalses. La agricultura inicia al fin una mejora progresiva de sus rendimientos, y se invierte otra vez, tímida pero decididamente, el sentido de la marea demográfica. Las ciudades comienzan a recuperar el pulso y la vitalidad. Y los obreros europeos, animados por las vacaciones pagadas, las playas soleadas y los irrisorios precios de aquella España que despertaba lentamente, invaden en oleadas crecientes nuestras costas, trayendo con ellos la seducción de un mundo opulento y desconocido.

Pero la realidad del país es aún triste; sus desequilibrios, lejos de corregirse, aumentan. Todavía creen los Gobiernos en la sustitución de importaciones. Aún favorecen a la ineficiente industria nacional a golpe de aranceles, desgravaciones y ayudas. No han dejado de restringir las compras al exterior, controlar el comercio y regular los cambios. La agricultura no ha resuelto aún sus problemas seculares. El subempleo, la baja productividad, la ausencia de mentalidad empresarial en el campo continúan asfixiándola. La industria está creciendo, pero no como resultado de la mayor productividad, sino de los subsidios, los salarios bajos, las horas extras y el proteccionismo, que perpetúan su ineficacia y minan su competitividad. La balanza comercial se resiente. España exporta todavía aceite, cítricos y vino, productos baratos, de escaso valor añadido, que no bastan para compensar el elevado coste de los bienes de equipo que la industria necesita para progresar. El déficit crece. Y el Estado cree tener en sus manos la solución. La emisión de moneda y de deuda pública aportan los capitales que necesita la industria. Pero las leyes de la economía son testarudas. La inflación se desboca y golpea, inmisericorde, a unas clases populares que apenas mejoran su situación. Ganan más, pero porque trabajan más horas. Dejan al fin el campo, pero encuentran en la ciudad viviendas escasas, caras y de mala calidad. El país llega a finales de los cincuenta a un callejón sin salida. El maltratado cuerpo nacional requiere una operación de urgencia que sanee su economía, sentando las bases de un crecimiento más sólido y equilibrado. Es la receta de los organismos internacionales como el Fondo Monetario Internacional y la Organización Europea de Cooperación Económica, de los que España es miembro desde 1958. La cosmética ya no basta. El régimen y el propio Franco deben renunciar ahora a una de sus convicciones más profundas. La autarquía no es posible: hay que abrir las puertas a la liberalización.

Tecnocracia y desarrollo

El Plan de Estabilización de 1959 abre esas puertas. La peseta se devalúa. Se clausuran numerosas oficinas del Estado. Desaparecen las regulaciones que pesan sobre un gran número de productos y se libera la importación de otros muchos. Los tipos de interés se elevan y el crédito se restringe. Se pone coto a las emisiones de deuda y el gasto público se limita. La inversión interna se liberaliza y empieza a fomentarse la extranjera. El efecto de estas medidas es fulminante. A corto plazo, sus frutos son terribles y dolorosos. Los salarios bajan; el paro aumenta. Pero, aunque son siempre los mismos los que han de sufrir los sacrificios, el crecimiento, que regresa pronto y sobre bases mucho más sólidas, terminará por beneficiar al conjunto del país. En los quince años que siguen al plan, España dará al mayor salto económico de su historia.

Pero los españoles de entonces no podían adivinar cuánto había de cambiar su país en los años sesenta. La España de los cincuenta descubre el dólar, pero vive aún aferrada al crucifijo. La Iglesia controla la educación; modela las mentalidades; ejerce, amparada por el Estado, un monopolio cultural absorbente. Los templos se llenan; las vocaciones se disparan. El *Opus Dei**, fundado en la década de 1920, vive su edad dorada. Sus profesores ganan cátedras; dispone de una universidad propia en Navarra; pronto contará con ministros en el Gobierno. El clero bendice la Dictadura con su autoridad moral; robustece, sin fisuras aparentes, los cimientos del régimen, ahora definido como una *Monarquía tradicional, católica, social y representativa,* como rezan los Principios del Movimiento promulgados en 1958. La Falange se diluye. Ha perdido sus ropajes fascistas. No es ya sino una herramienta más del régimen, que se vale de ella para ocultar con un tenue velo de modernidad el marchamo tradicionalista que le imprime la Iglesia. Políticas sociales, viviendas baratas, ayudas familiares, deporte y propaganda muestran un falangismo que había renunciado ya a servir de vehículo de movilización de masas. El régimen avanzará ahora hacia su consolidación institucional, completando el camino abierto en la década precedente.

Pero la oposición sigue viva. Desde postulados católicos, trabajan por la apertura gentes como Joaquín

Ruiz-Jiménez, que impulsa desde el Ministerio de Educación la reforma de las enseñanzas medias y universitarias. Muchos estudiantes han dado ya de lado a la Falange; acuden, incluso, a rendir homenaje a José Ortega y Gasset, viejo intelectual republicano tan prestigioso como marginado por el régimen, en el día de su entierro, en 1955. Unos meses después, la situación se torna explosiva. En los campus y en las calles, jóvenes falangistas y contrarios al régimen se enfrentan con violencia. No son momentos fáciles para el régimen, que ha de afrontar en seguida la urgencia de dar la independencia al Marruecos español tras haberlo hecho Francia sin avisar, y sufre los efectos del grave deterioro de la economía, al borde de la suspensión de pagos por falta de divisas. Pero no se trata de un peligro serio. La vieja oposición, la republicana, apenas existe ya. Los monárquicos se han vuelto en su mayoría colaboracionistas. La agitación universitaria revela el nacimiento de una oposición nueva y mucho más peligrosa, crecida entre los hijos insatisfechos del mismo régimen. Pero la protesta tardó poco en desvanecerse; bastaron unas pocas detenciones y algunos traslados. La semilla estaba plantada; muchos de los grupos antifranquistas más moderados, y otros que no lo eran tanto, nacieron a raíz de los sucesos de aquel año. Sin embargo, habrá que esperar aún algún tiempo y cambios sociales más profundos para que el país sea capaz de dar a luz una oposición sólida que impida al régimen su perpetuación.

Los años sesenta trajeron esos cambios. Un país todavía agrario y atrasado a finales de los cincuenta se convertía en la décima potencia industrial del mundo en poco más de una década. El desarrollo fue espectacular. La industria creció a tasas del 10 % anual entre 1960 y 1973; la renta por habitante se multiplicó por ocho. Sectores industriales enteros pasaron del enanismo a la madurez. La industria electrónica, la química, la producción de automóviles y electrodomésticos dispararon su crecimiento. Las alimentaron los capitales acumulados y los nuevos que ahora aportaban las multinacionales, las divisas del turismo y las remesas de los emigrantes. Las protegieron los créditos blandos, los fuertes aranceles, las ayudas a la exportación y las desgravaciones fiscales. El régimen, dispuesto a conciliar el culto al Dios de los cristianos con la adoración del becerro de oro, convertía al desarrollo en la nueva meta nacional y en la justificación última de su existencia, presto a usar la esperanza como antes había usado el miedo.

Pero se trataba de un desarrollo intervenido, que confiaba más en el dirigismo del Estado que en la iniciativa privada, construía polos de desarrollo para animar a la inversión en las zonas más atrasadas, y cuantificaba objetivos cuatrienales y los elevaba a la categoría de planes, concebidos por la mente analítica de una nueva generación de políticos, como Laureano López Rodó, Gregorio López Bravo o Mariano Navarro Rubio, todos ellos católicos y miembros activos del *Opus Dei,* pero menos limitados por los prejuicios tradicionales. Y se trataba, sobre todo, de un desarrollo relativo, lejano aún del que experimentaban por entonces otros países de Occidente, e incapaz de terminar con los desequilibrios que aún sufría la economía española. La riqueza aumentaba, pero se repartía mal. Los grandes grupos financieros, la banca, la gran industria, las capas más elevadas de la sociedad, en fin, incrementaban su participación en el producto nacional a costa de las clases medias y bajas. Mientras las regiones tradicionalmente más ricas, como Madrid, Cataluña o el País Vasco, y otras como Navarra y Valencia, conservaban o incluso aumentaban su peso económico en el conjunto de la nación y absorbían una parte creciente de su población, regiones enteras se despoblaban. Cuatro millones de españoles dejaron su hogar. Muchos de ellos marcharon a otras provincias, sin abandonar su país. Pero casi la mitad se vio forzada a buscar el futuro en tierra ajena: Francia, Alemania, Suiza… La naturaleza pagó además muy alto el precio del desarrollo. Las ciudades crecían tan rápido que pronto vieron tornarse sus arrabales en inmensas praderas de cemento. Y las costas, meca del turismo, sacrificaron la belleza agreste de sus parajes a la dictadura inmobiliaria del sol y la playa. La misma economía creció mal. La industria vivía con fuerzas prestadas. Crecía débil, adicta a las ayudas de un Estado empeñado en verla progresar a toda costa, a las inversiones de unas multinacionales cuyo interés decaería tan pronto como crecieran los salarios o las exigencias de los obreros, a las patentes compradas allende las fronteras. Desconocía las leyes inflexibles del mercado, una selva en la que en tiempos de crisis sobreviven tan solo los que saben adaptarse y que habría de conocer después en toda su crudeza. No sabía exportar, porque sus productos no eran atractivos en precio o calidad para los consumidores de los países más ricos, y entregaba al turismo, las remesas de emigrantes y la inversión extranjera la misión de compensar los elevados déficits comerciales impuestos por la necesidad de importar los bienes de equipo, las materias primas y el petróleo que ella misma consumía. Y no solo la industria; toda la economía crecía ajena a los efectos benéficos de la competencia, alimentando una inflación que pesaría como una losa sobre el futuro desarrollo del país y que el propio Estado engordaba por medio de sus emisiones de moneda, sus créditos blandos y sus presupuestos expansivos. Cuando la crisis de la década de los setenta golpeara la economía mundial, España acusaría el golpe con mayor fuerza y por más tiempo que los países de su entorno.

Pero, con todo, hubo desarrollo, y en un sentido más profundo que la simple progresión de la renta disponible. No solo cambió la economía; lo hizo también la sociedad. La población experimentó una expansión sin precedentes; empezó a alimentarse mejor, a disfrutar de mejor salud, a vivir más tiempo. La Seguridad Social arropaba al fin con su manto protector a la mayoría aplastante de los ciudadanos. En las aulas no se sentaban ya tan solo los hijos de los ricos; lo hacían también los pobres, muchos de los cuales no tenían ya que cambiar la escuela por la fábrica. La enseñanza primaria se generalizó; la secundaria y la universitaria crecían sin cesar. Los campesinos sin trabajo en unos campos que se mecanizaban por fin a ritmo despiadado invadían con hambre atrasada las ciudades en ascenso imparable. Madrid sobrepasó los tres millones de almas; Barcelona frisaba ya los dos millones; muchas otras, Bilbao, Valencia, Sevilla, Málaga, las contaban ya por cientos de miles. Junto a las carreteras, nacían las primeras autopistas. Las comarcas, las regiones, estaban ahora más cerca de lo que nunca habían estado. Junto al mono del obrero, surgieron la corbata y el cuello blanco de la clase media, que imponía ya su número y sus valores a aquella sociedad en cambio acelerado. Los españoles se encontraron de la noche a la mañana en un mundo nuevo, en el que el pluriempleo, las horas extras y las letras les permitían al fin mirar esperanzados a un horizonte de ocio y bienestar. Un mundo en el que el automóvil, la televisión, el frigorífico y la lavadora ya no eran privilegio de unos pocos. Aunque habían pasado tan solo dos décadas, la España triste de la posguerra parecía perdida para siempre en la lejana noche de los tiempos.

Quizá fuera así. No solo el mundo era distinto para los españoles; lo eran también los ojos con los que lo contemplaban. Perdía terreno día a día la mentalidad tradicional, dominada por lo religioso, cerrada, intransigente, apegada a tradiciones tenidas por inmutables, anclada en un pasado que se negaba a morir. Lo ganaba un pensamiento más tolerante, dominado por nuevos valores: el bienestar, el consumo, el placer. Las tradicionales corridas de toros dejaban paso al fútbol. Los españoles iban al cine; veían la televisión; se evadían, entregados a una cultura de masas. Pero también leían más; eran más curiosos; deseaban saber cómo era el mundo más allá de sus fronteras; se entusiasmaban con filosofías que creían nuevas; descubrían a aquel Marx que, durante tantos años, había sido la encarnación del demonio; contemplaban complacidos cómo el mismo Vaticano cambiaba su idioma y sus ropajes para llevar a la Iglesia a las puertas de un nuevo milenio. Aquella sociedad, crecida a los pechos del régimen, nutría en suma su alma para revolverse contra él. Pronto el franquismo habría de ser presa de la terrible contradicción que suponía alimentar el cambio social mientras se impedía la evolución política. Como en una descomunal olla a presión, la temperatura iba en aumento. Sin válvula por la que escapar, era solo cuestión de tiempo que el vapor reventara sus paredes.

Las cabezas visibles del régimen no lo entendían así. Aunque es verdad que su ejecutoria se tornó más moderada y sensible, no lo es menos que las instituciones de que se iba dotando tenían poco de representativas. Es cierto que los Principios del Movimiento aludían también a su carácter *social y representativo,* pero si lo primero era cada vez más evidente, como muestra el crecimiento de la cobertura sanitaria, las pensiones y la educación pública, lo segundo no pasaba de ser mera retórica. La apertura del franquismo fue un fenómeno tardío, vacilante y contradictorio; nunca convenció a la totalidad de sus clases dirigentes, y terminó por morir, presa de sus propias limitaciones, dejando al régimen inerme y debilitado ante el creciente deterioro físico y mental de Franco y el crecimiento imparable de la oposición democrática. Así, la ley de Prensa de 1966, una renuncia limitada al control hasta entonces absoluto que el régimen ejercía sobre los medios de comunicación, costó a Manuel Fraga, ministro de Información y Turismo, cuatro años de intensa lucha contra sus detractores en el propio Gobierno. La ley orgánica de 1967, poco más que un intento de convertir una dictadura en una monarquía limitada, no iba más allá en sus afanes de representatividad de la introducción en las Cortes de un tercio de procuradores elegidos por los cabezas de familia y las mujeres casadas. La promulgada dos años después sobre el Movimiento Nacional volvía a potenciar sus aspectos organizativos. Y la misma proclamación oficial del príncipe Juan Carlos de Borbón, nieto de Alfonso XIII, como sucesor de Franco, en apariencia una puerta abierta a la renovación del régimen, no dejó de ser aprovechada para hacer públicas unas declaraciones en las que el futuro rey se declaraba en completa armonía con sus postulados.

A los limitados avances de la apertura se sumó bien pronto el creciente enfrentamiento entre las familias del régimen. Cada vez más incapaz Franco de ejercer con eficacia su papel tradicional de arbitraje, la lucha entre facciones se intensificó, alimentada por las discrepancias en torno al grado que debía alcanzar la reforma. El vicepresidente Luis Carrero Blanco y los suyos se inclinaban por la tecnocracia desarrollista, la amistad con Estados Unidos, la plena integración de las colonias africanas y la renuncia a los últimos tintes falangistas. Frente a él se alineaban ministros como Fraga o, hasta su destitución en 1969, José Solís, menos proclives a Washington, inclinados a equilibrar desarrollo y sensibilidad social, abiertos a la descolonización si con ella se recuperaba Gibraltar y abiertos a una reforma más atrevida del régimen. Las fronteras entre ellos eran difusas, y cambiaban a cada momento en función de las cuestiones planteadas. Pero la unidad se había roto, y sin unidad la reforma no era posible. Sin reforma, la oposición crecía, y al crecer la oposición, lo hacía el miedo a la reforma entre quienes la temían y el convencimiento de su necesidad entre quienes la deseaban. El franquismo, poco a poco, iba entrando en un callejón sin salida.

La oposición se fortalecía. Ya no era tan solo oposición política; se trataba también, y cada vez más, de una oposición social. Sus dirigentes, que ya no eran viejos republicanos supervivientes de otras épocas que contemplaban desde el exilio una España que no comprendían, habían crecido en el presente, dentro del país; lo conocían y sabían en qué deseaban cambiarlo. Y no era ya tampoco tarea de unos cuantos guerrilleros mal armados que apenas lograban inquietar al régimen con su actividad marginal, sino de gentes que se hallaban por doquier, incluso en las instituciones. Militaban en ella estudiantes y profesores, intelectuales y sindicalistas, profesionales y obreros, periodistas y abogados, militares y sacerdotes. Actuaba cada día, cada vez con mayor intensidad, cada vez más unida. Se manifestaba en forma de huelgas más numerosas, manifestaciones estudiantiles más nutridas, artículos de prensa que era necesario censurar, declaraciones colectivas que mantenían al régimen a la defensiva, muy lejos de aquella actitud tranquila y confiada de la década anterior. Podía todavía resistir la presión, pero era incapaz de librarse de ella.

Lo que no estaba ya tan claro es que sobreviviera a Franco. Quizá lo habría hecho si hubiera avanzado con decisión por la senda de la reforma. Pero no contaba ni con el consenso ni con las personas adecuadas. Carrero Blanco, nombrado presidente del Gobierno en 1973, moría asesinado por la banda terrorista ETA poco después. Carlos Arias Navarro, su sucesor, pareció a punto de avanzar por esa vía. Su discurso del 12 de febrero de 1974 así lo expresaba. Pero el llamado *espíritu del 12 de febrero* pronto reveló sus limitaciones, como lo haría también el mismo Arias, que carecía de la claridad de ideas necesaria para una tarea de tal magnitud. Y las voces más inmovilistas tronaron en seguida contra una pretensión semejante, por alicorta que fuera. La represión se intensificó y fueron cesados los dirigentes más aperturistas. La situación empeoraba día a día. La economía sufría ya los primeros embates de la crisis, que alimentaban el furor combativo de los obreros. El entorno internacional, tras la caída de la longeva dictadura portuguesa y la actitud menos comprensiva de las democracias europeas hacia los últimos coletazos represivos del franquismo, había empeorado, y lo haría aún más cuando Marruecos, a partir del otoño de 1975, aprovechara la crisis de la dictadura para arrebatar a España el Sahara. Y la oposición, cada vez más unida y nutrida en mayor medida por los desertores del propio régimen, afilaba sus espadas para hacer imposible su consolidación cuando Franco muriera, suceso que, a tenor de su estado de salud, parecía cada vez más cercano.

5

La luz al final del túnel

> En el momento actual no es posible la construc-
> ción de un Estado-Nación como en el siglo xix, a
> través de una especie de genocidio cultural como
> que el que dio a luz a todas y cada una de las
> [naciones] hasta entonces nacidas.
>
> Javier Tusell.
> *España, una angustia nacional,* 1999.

OTRA VEZ FRENTE AL RETO

«Si buscas su monumento, mira a tu alrededor»,
escribió sobre Adolf Hitler el historiador británico
Alan Bullock, su mejor biógrafo, a mediados de la
década de los cincuenta. Algo similar podría decirse de
Francisco Franco. Cuando, el 20 de noviembre de
1975, tras una agonía lenta y dolorosa, fallecía el que *todavía*
había sido amo absoluto de España durante cerca de
cuarenta años, el país que dejaba era en muchas cosas
mejor que el que se había encontrado. Nunca antes los
españoles habían sido más prósperos ni menores las
distancias entre ellos ni entre las regiones que habitaban; nunca más abiertos, más tolerantes ni más cultos. *never*
Jamás antes la Iglesia católica se había mostrado más
dispuesta a renunciar a su posición de privilegio,
asumiendo al fin que era posible otra visión de las
cosas. En ningún momento de nuestra historia la clase

211

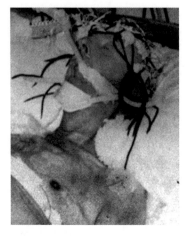

Franco falleció
el 20 de noviembre
de 1975, tras una
agonía lenta y dolorosa.

política se había encontrado más cerca en su diagnós-
tico de las necesidades del país; nunca más proclive a *prone*
dialogar para edificar un régimen capaz de acoger las *able*
opciones más diversas. Y nunca antes el Ejército, habi-
tuado a tutelar la vida política, se había mostrado más
dispuesto a observar desde el palco la obra que se
disponían a representar los actores políticos y sociales,
aunque la tentación golpista renaciera con vigor
durante aquella etapa crítica en una porción minoritaria
de las Fuerzas Armadas.

Franco, en fin, había dejado a España más preparada que nunca para la democracia. Esta fue su herencia, pero no su mérito. Muchas de estas virtudes de la
sociedad española se habían logrado no gracias a él,
sino a pesar de él, y nunca fue su intención ni su objetivo sentar las bases de un régimen democrático. A la
pregunta «y después de Franco ¿qué?», el caudillo
habría respondido que tras él quedaban las instituciones: una Monarquía autoritaria, confesional y corporativa, capaz, en el mejor de los casos, de albergar un
pluralismo limitado. *host*

Además, el hecho de que España estuviera al fin preparada para la democracia no garantizaba su triunfo y mucho menos su consolidación. La recuperación de las libertades perdidas en 1936 exigiría del país la superación de una prueba terrible. Durante unos años, el tiempo que fuera necesario para afrontar la obra titánica de transformar la dictadura en democracia, el proceso quedaría expuesto a un constante riesgo de degeneración violenta, fruto de la presión combinada de quienes se negaran al cambio y quienes aspiraran a impulsarlo más aprisa. En el seno del régimen, fuerte aún en sus instituciones, se había construido un verdadero búnker ideológico en el que se atrincheraban, dispuestos a resistir, los sectores más reacios a la reforma política. Y no era descabellado esperar que se arriesgaran a un intento de subversión del proceso cuando este se hallase en su fase más delicada. También existía el riesgo contrario, que nacía de la impaciencia de la oposición y se alimentaba del recuerdo de la represión sufrida en las carnes propias o en las de los padres y abuelos. Cuando el Estado franquista renunciara a sus instrumentos de control de la disidencia no era improbable que esta estallara sin control, con riesgo de provocar una reacción involucionista que diera al traste con los sueños democráticos de los españoles.

No era sino el riesgo inherente a cualquier proceso de reforma profunda de instituciones de cuño autoritario. Solo que en el caso español se trataba de un riesgo mucho mayor, pues, al igual que en 1931, el azar había hecho que el proceso coincidiera con una crisis económica. La llamada *crisis de 1973* golpeaba, además, con mayor fuerza a la economía española debido a su dependencia del petróleo, el turismo, la inversión exterior y las industrias básicas, y a su escasa competitividad. El cierre de empresas, el rápido aumento del desempleo, el crecimiento desbocado de los precios, que ponían en peligro el bienestar al que los españoles se habían acostumbrado, no constituían el mejor caldo de cultivo para una transición pacífica. Y en una sociedad que carecía aún de los mecanismos para canalizar pacíficamente los conflictos, la tensión podía impulsar una peligrosa espiral de huelgas y manifestaciones que, al ser sofocadas por unas fuerzas de orden público educadas en la mera represión, alimentarían aún más el riesgo de desestabilización del proceso de transición a la democracia. Los hombres que lo pilotaran no se enfrentarían a una tarea fácil.

El terrorismo la volvería aún más difícil. Terrorismo del nacionalismo vasco más radical, personificado por la llamada ETA*, *Euskadi Ta Askatasuna* (en español, «País Vasco y Libertad»), que trataba de provocar la respuesta violenta del Estado de acuerdo con una estrategia orientada a su desestabilización. También terrorismo de izquierda sin apellidos nacionalistas, común por entonces en Europa, encarnado en organizaciones como la denominada Grupos de Resistencia Antifascista Primero de Octubre (GRAPO*), cuyas acciones tenían una meta similar. Y terrorismo de la derecha radical, de grupúsculos diminutos pero muy activos, como los Guerrilleros de Cristo Rey, que desde posturas antitéticas producían idénticos efectos. Atentados, secuestros y asesinatos jalonaron cada paso decisivo de la sinuosa senda del país hacia la democracia, recordando a sus líderes su extrema dificultad, tentándoles de abandonarla para tomar el sendero en apariencia menos tortuoso, pero en realidad un callejón sin salida, de la represión.

Y, por último, el contexto internacional no era el mismo que treinta años atrás. Entonces, las principales democracias habían tratado de presionar al régimen para forzar su apertura. Ahora, el franquismo se había reconciliado con Occidente, integrándose en sus instituciones. La actitud que cabía esperar de Estados Unidos y sus aliados no podía ser otra que una prudente espera teñida de simpatías democráticas, pero en modo alguno presiones de ningún tipo. Los españoles estaban solos. Sobre ellos, y solo sobre ellos, pesaba la responsabilidad de conducir a su país a la democracia.

CONSENSO

En este contexto, de extrema dificultad, se movieron los protagonistas de la Transición. Si el proceso culminó con éxito, fue en buena medida gracias a ellos, tanto o más que al nivel de desarrollo del país, la evolución de las mentalidades o la moderación de la mayoría de la opinión pública. La Transición fue, a grandes rasgos, la obra de un hombre y de una idea. El hombre fue Adolfo Suárez; la idea, el consenso. Es también cierto que al principio cupo un papel esencial en ella a Juan Carlos I, Rey de España desde el 22 de noviembre de 1975, quien, habiendo recibido de Franco una corona y un Estado, quiso afirmar la primera sobre los cimientos de la soberanía popular y reformar con decisión, pero con prudencia, el segundo para conducirlo a la democracia. Y no lo es menos, por supuesto, que nada hubiera sido posible de no ser por la mesura, la paciencia y la sensatez que demostraron, en general, la mayoría de los líderes políticos de la izquierda y la derecha, desde el comunista Santiago Carrillo al franquista Manuel Fraga, pasando por el socialista Felipe González, y el instinto histórico de un pueblo que cargaba aún en su inconsciente colectivo con los recuerdos de una guerra que de ningún modo deseaba repetir.

Los primeros pasos fueron los más difíciles. El Rey había heredado un Gobierno que no le servía, pues bullía de franquistas convencidos, y su jefe, Carlos Arias Navarro, no contaba con ir más allá de una

El 22 de noviembre de 1975, dos días después de la muerte de Franco, Juan Carlos I jura como Rey ante las Cortes. Junto al monarca y su familia, aparece la plana mayor del régimen. La imagen, sin embargo, tenía muy poco que ver con la realidad política del país, como luego se demostró. El Soberano no estaba dispuesto a mantener el franquismo sin Franco que esperaban las fuerzas más inmovilistas.

democracia a la española sin comunistas ni nacionalistas, con supervivencias corporativas, y por completo
inane en derechos y libertades para los ciudadanos. No
era lo que quería el Rey ni era lo que esperaba el
pueblo. La violencia en las calles se intensificó, y el
Gobierno respondió con la represión. España se
hallaba en un callejón sin salida.

La continuidad sin cambios del régimen era
impensable; su reforma parcial, insuficiente. Los españoles pedían a gritos la democracia. Pero una ruptura
total era peligrosa. No solo porque no la tolerarían los
sectores más duros del régimen, sino porque no la
deseaba una buena parte de la misma opinión pública.
Solo quedaba abierto un camino, el de la reforma
gradual, pero decidida, de las instituciones para condu-
cirlas hacia la democracia. Y ello requería poner la
nave del Estado en manos de un piloto de excepcional
pericia; firme en sus ideas, pero flexible y dotado para
el diálogo; respetable para los hombres del régimen,
pero capaz de inspirar confianza a la oposición. Ese
hombre fue Adolfo Suárez.

Adolfo Suárez procedía del franquismo. Había
ocupado altos cargos, como la Dirección General de
Radio Televisión Española y la denominada Secretaría
General del Movimiento, en la práctica la jefatura del
partido único del régimen. Pero era todavía joven, lo
bastante para que la oposición no tuviera una idea
preconcebida de él, como sucedía con otros aperturistas de más peso, como Fraga o el diplomático monár-
quico José María de Areilza. Y su modestia, su
instinto, su talante dialogante y el hecho de que tuviera
ideas claras, pero ninguna ideología definida, le confe-
rían el perfil ideal para presidir un Gobierno que no
encarnaba una opción de partido, sino que se disponía,
como el mismo Suárez dijo a principios de julio de
1976, apenas asumidas sus nuevas responsabilidades al
frente del Gabinete, a servir de «gestor legítimo para

Adolfo Suárez González, presidente del Gobierno entre los años 1976 y 1981, se reveló como el político ideal para llevar a buen puerto la difícil tarea de la Transición. Al haber escalado una a una las instituciones del régimen, las conocía bien, por lo que una vez estuvo al mando del Gobierno, pudo desmontarlas sin demasiados traumas y, valiéndose del diálogo y la flexibilidad, sacar adelante la ley de Reforma Política, que fue aprobada en referéndum en diciembre de 1976.

establecer un juego político abierto a todos». Esa fue, desde el principio, su misión.

Por ello, el flamante jefe del Gobierno se entregó en seguida a la tarea de establecer contactos con la oposición, incluyendo en ellos incluso a Santiago Carrillo, secretario general del PCE, sin olvidar reunirse con los altos jefes militares para calmarlos. Mientras proclamaba su intención de convocar elecciones generales, decretaba una amnistía y restablecía los derechos de reunión, asociación, propaganda y manifestación, enviaba a todos un mensaje firme y claro. Suárez le decía a la oposición que llevaría al país a la democracia contando con ellos, pero también les pedía que esperaran y le creyeran. Y, a la vez, le decía a la reacción que lo haría desde dentro del propio régimen y a un ritmo lento y gradual en el que no tendrían cabida veleidades rupturistas. Se trataba de convertir la dictadura en democracia sin romper la legalidad vigente, utilizando sus propias posibilidades. Costó trabajo convencer a unos y a otros. En la calle proseguían las huelgas y las manifestaciones, a menudo acompañadas de violentos choques entre la policía y los manifestantes. La oposición desconfiaba aún de los propósitos de Suárez y reclamaba con energía, más unida que nunca, una ruptura total. Y el Ejército era obediente tan solo por lealtad al Rey, no por fe en las reformas. En el verano de 1976, nadie podía pensar que unos meses después el franquismo caminaría mansamente hacia el suicidio.

Pero así fue. En octubre, Suárez presentaba ante las Cortes un proyecto de ley para la Reforma Política. En noviembre, la cámara lo sancionaba por aplastante mayoría, aunque con muchas ausencias. En diciembre, noventa y cinco españoles de cada cien que depositaron su voto expresaron su acuerdo. El pueblo se había pronunciado a favor de las elecciones libres y de la democracia, de unas Cortes bicamerales y una Constitución. Pero había dicho también que no deseaba la ruptura, sino la reforma. A la oposición no le quedaba sino sentarse a negociar la manera de integrarse en el proceso. Suárez se lo puso fácil. Poco a poco, el nuevo régimen adquirió perfiles inequívocamente democráticos. La amnistía se amplió; los partidos políticos se legalizaron; se aprobó una ley electoral que satisfizo a todos. Los atentados y los secuestros de las derechas y las izquierdas intransigentes no ofrecían tregua. El 24 de enero de 1977, pistoleros ultraderechistas asesinaron a cinco abogados laboralistas en la calle Atocha de Madrid. Meses después, en abril, la legalización por decreto del PCE, combinada con la disolución del Movimiento, el partido único que se había constituido en la institución más visible del régimen franquista, a punto estuvo de provocar un golpe militar. Pero la nave del Estado no se desvió de su rumbo. El 15 de junio de 1977 España celebraba de nuevo elecciones libres, las primeras desde febrero de 1936.

«COMO INFUSORIOS EN UNA GOTA DE AGUA»

En los meses anteriores a las elecciones, los partidos políticos brotaron por doquier, «como infusorios en una gota de agua», según describiera pictóricamente Julián Marías. Alianza Popular, fundada por Manuel Fraga, trataba de recoger el voto de los nostálgicos más moderados del franquismo. El PSOE, liderado por Felipe González, tan radical en sus declaraciones como moderado en la práctica, competía con los comunistas, prestigiados por largos años de oposición a Franco, en la lucha por el voto de la izquierda. En Cataluña y el País Vasco, los partidos nacionalistas, tradicionales o nuevos, aspiraban a recoger una nutrida cosecha de sufragios alimentados por la esperanza de recobrar sus perdidas instituciones. Pero en las encuestas los españoles se mostraban reacios a las opciones extremistas. Seguían deseando una transición gradual, la misma que seguía encarnando mejor que nadie Adolfo Suárez. Por ello los comicios registraron el triunfo de la Unión de Centro Democrático (UCD), una agrupación política creada a toda prisa por los amigos políticos del presidente para aprovechar su tirón popular; una heterogénea coalición de individualidades desgajadas del franquismo y grupos de la oposición moderada, un remedo de partido que carecía de todo aquello que un partido debe poseer. No tenía ideología, pues en él militaban democristianos, liberales y socialdemócratas. No poseía una organización seria, pues apenas había habido tiempo para crearla. Y le faltaba también un programa más allá de la continuidad de la obra principal de Suárez: conducir al país por el justo medio entre la ruptura violenta y la reacción cerril. La UCD no era más que un amortiguador nacido para conjurar los fantasmas de la guerra civil. De ahí que sus días estuvieran contados. Su misión histórica tenía fecha de caducidad: la consolidación de la democracia. Cuando el país se considerase a salvo, llegaría el momento de la verdadera política, del juego de partidos con programas contrapuestos. Pero el momento aún no había llegado. Quedaba mucho por hacer, y los españoles seguían creyendo que Suárez era el hombre adecuado para lograrlo.

Las Cortes recién elegidas habían de ser constituyentes. La democracia es mucho más que partidos y elecciones, derechos y libertades. Es una forma de Estado, y el Estado franquista seguía intacto. Pero el Gobierno debía también ocuparse de gobernar, pues la Constitución no era el único problema. Lo eran también el paro, la inflación, los cierres de empresas y el déficit comercial; la resurrección de los nacionalismos periféricos, que se concretaba en la creciente exigencia de autonomía de catalanes y vascos, y el malestar de un sector del Ejército, disgustado con los derroteros que iba tomando el país y golpeado con saña por el terrorismo etarra. La fragilidad del proceso de transición era evidente. Su culminación estaba aún lejana.

Por suerte, el consenso sobrevivió. La crítica situación de la economía se afrontó mediante el acuerdo. Los Pactos de La Moncloa, firmados por Gobierno y oposición el 25 de octubre de 1977, acordaron la devaluación de la peseta, la contención del gasto público y la circulación monetaria; impulsaron la puesta en marcha de medidas de ahorro energético; prometieron apoyar una reforma fiscal orientada a repartir los costes de la crisis, y renunciaron a reclamar subidas salariales superiores a la inflación. No era suficiente, pero era todo lo que convenía en aquel momento, en el que las consideraciones políticas debían imponerse a las económicas. La economía tardaría casi una década en recuperar el dinamismo, y solo a mediados de los ochenta volvería a crear empleo. Pero los pactos cumplieron su misión histórica: evitar que el malestar de las capas populares se convirtiera en arma política, con el riesgo consiguiente de desestabilización.

Lo mismo sucedió con las demandas catalanas y vascas. La clase dirigente sabía que no era posible obviarlas cuando cuarenta años de asfixiante política nacionalizadora habían sido incapaces de erradicar la aspiración de autogobierno de aquellas regiones. Pasarlas por alto equivalía a alimentar las manifestaciones, la violencia terrorista y, por ende, los argumentos de los nostálgicos del franquismo. Por ello el Gobierno optó por atajar el problema antes de que se hiciera imposible de manejar. Se sentó con los líderes nacionalistas y pactó con ellos, en tanto se aprobaba la Constitución, la recuperación provisional de sus instituciones propias. Los errores de 1931 no se repitieron.

Enrique Tierno Galván, Santiago Carrillo, José María
Triginer, Joan Reventós, Felipe González, Juan Ajuriaguerra,
Adolfo Suárez, Manuel Fraga, Leopoldo Calvo Sotelo
y Miguel Roca, después de los Pactos de la Moncloa
firmados por el Gobierno y la oposición en octubre de 1977.

No hubo arriesgadas proclamas de soberanía ni exigencias intempestivas. El viejo republicano Josep
Tarradellas, presidente catalán en el exilio desde 1954,
regresó de él para encabezar una *Generalitat* restable-
cida por decreto en septiembre de 1977. En diciembre,
una disposición similar creaba el Consejo General
Vasco. La violencia etarra no cesó pero, perdida su
legitimidad a ojos de un buen número de vascos, el
peligro que suponían sus acciones para la estabilidad
del proceso constituyente disminuyó en gran medida.

El 6 de diciembre de 1978, España se dotó al fin
de una Constitución, respaldada por el voto afirmativo
de una cifra cercana al noventa por ciento de los votan-
tes, que alcanzaron el 67 % del censo. En cierto
sentido, fue la primera Constitución de nuestra historia. Todas las anteriores, desde 1812, habían sido
programas de partido, aptas para acoger tan solo a una
parte de los españoles, pero incapaces de servir como
marco pacífico de convivencia. Y ninguna de ellas
había recibido la sanción popular directa. La nueva
Carta Magna era hija del consenso. España se conver-

Felipe González, líder del PSOE, se caracterizaba
por ser tan radical en sus declaraciones
como moderado en la práctica.

tía en un Estado social y democrático de Derecho que garantizaba amplísimas libertades a los ciudadanos. La Monarquía parlamentaria, prestigiada por la meritoria labor del Rey en la recuperación de la democracia, fue aceptada por todos como forma de Estado. La izquierda rindió también las viejas banderas del anticlericalismo y la escuela única, y aceptó que la separación de la Iglesia y el Estado conviviera con el reconocimiento de un estatuto especial a la religión de la mayoría, y que la asunción por el segundo de un papel clave en la garantía del derecho a la educación no supusiera cuestionar la libertad de enseñanza y creación de centros educativos privados. El sistema parlamentario definido ya en la ley de Reforma Política de 1976, articulado en un Congreso y un Senado elegidos por sufragio universal, masculino y femenino, directo y secreto, se mantuvo con escasos cambios, y la indispensable garantía de la unidad nacional, exigida por los partidos de ámbito estatal, convivió al fin con la autonomía de nacionalidades y regiones integrantes de la nación española. Esperanzado, el país podía al fin mirar al futuro con una cierta confianza.

Unas nuevas elecciones, en marzo de 1979, dieron otra vez la victoria al partido de Suárez. Desde una perspectiva técnica, la Transición había concluido. España contaba ya con Cortes ordinarias y Constitución democrática, aunque pendiente de desarrollo. Pero desde un punto de vista más amplio, la democracia no quedaría consolidada mientras no se produjera un turno pacífico en el poder. Solo la UCD, un partido sin personalidad definida, vinculado al franquismo y creado con la misión de conducir su voladura controlada, había gobernado la nación.

Los graves problemas que sufría España iban a servir para acelerar el recambio. Entre 1979 y 1982, el país continuó sufriendo la crisis económica, agravada por la nueva escalada del petróleo producida por el estallido de la guerra entre Irán e Iraq, que mantendría muy altos la inflación y el paro. El terrorismo, lejos de apaciguarse con la descentralización del Estado, se intensificó, superando el centenar de muertes por año. El arraigo de sus posturas radicales en una parte de la sociedad vasca revelaría en años posteriores la extrema gravedad del problema y la enorme dificultad para solucionarlo. El Estatuto de Autonomía catalán fue aprobado con un alto grado de acuerdo entre las fuerzas políticas, pero el vasco se retrasó sobremanera, revelando el difícil encaje del aranismo encastillado en la defensa de unos pretendidos derechos históricos del País Vasco en cualquier proyecto de Estado común. El Estatuto, a pesar de su extrema generosidad, serviría tan solo por poco tiempo. No menos compleja fue la extensión de la autonomía a otras regiones. En realidad, era un principio, no un proyecto definido. Nadie conocía su destino ni su límite, algo imprescindible para dotar de estabilidad a las instituciones. La UCD sola, primero, y con el acuerdo del PSOE, el primer partido de la oposición, después, afrontó la tarea de racionalizar el proceso autonómico. Mientras se avanzaba en el proceso de traspaso de competencias, se concretaron al fin aspectos tan básicos como las elecciones regionales o los mecanismos de financiación de sus Gobiernos. La ley Orgánica de Armonización del Proceso Autonómico, más conocida como LOAPA*, aprobada por las Cortes el 30 de junio de 1982, en los estertores del Gobierno de UCD, constituyó el fruto de esa colaboración y el primer intento de enmendar un error todavía hoy pendiente de corregir en su totalidad.

Pero no fueron el terrorismo, la inflación, el desempleo o el complejo despliegue del proceso autonómico los factores decisivos que apartaron a la UCD del poder, sino su desmoronamiento interno. En realidad, el partido no había logrado nunca superar sus orígenes como amalgama de corrientes políticas e ideológicas diversas. Los sucesivos desastres electorales que iba sufriendo el Gobierno, síntoma del cansancio creciente de la opinión, agravaban las tensiones internas y alimentaban las exigencias de unos líderes territoriales que trataban de imponer a Suárez una dirección colegiada. Los socialistas se aprovechaban de ello, recurriendo incluso, ya en septiembre de 1980, a la moción de censura para acelerar el evidente desgaste del Gobierno. Suárez, más hábil como negociador que como presidente, cuestionado dentro de su partido y con una popularidad ya en reflujo, tomó al fin la decisión de dimitir en enero de 1981.

El elegido para sucederle fue Leopoldo Calvo-Sotelo, un político tan refinado y competente como escaso de carisma. Pero la misma tarde en la que se votaba su investidura, el 23 de febrero de ese año, 1981, un grupo de guardias civiles al mando del teniente coronel Antonio Tejero irrumpía en el Congreso y secuestraba al Gobierno en pleno y a todos los diputados. Mientras, el capitán general de Valencia, Jaime Milans del Bosch, declaraba el estado de guerra, y en Madrid la División Acorazada Brunete ocupaba la sede de la televisión estatal y las emisoras de radio. Aquella noche España entera permaneció despierta, hasta que el Rey Juan Carlos I, que tanto había hecho por devolverle la democracia, lo hizo una vez más. Su mensaje, televisado tras volver a manos del Gobierno la sede de la Radio Televisión Española en las cercanías de Madrid, fue el de un comandante en jefe ordenando disciplina a sus ejércitos, que acataron sin dudar su voz de mando. Rendidos los golpistas, la democracia probó su solidez condenándolos sin misericordia ni temor al ruido de sables. Pero, mientras, el Gobierno seguía dejándose en cada nueva ley —el divorcio, la LOAPA, la entrada en la principal alianza militar occidental, la Organización del Tratado del Atlántico Norte (OTAN)—

El 23 de febrero de 1981, un teniente coronel de la Guardia Civil, Antonio Tejero Molina, irrumpió en el Congreso de los Diputados empuñando su arma reglamentaria. El intento de golpe de Estado, por fortuna fallido, fue la mayor amenaza que hubo de afrontar la joven democracia española.

una carga de votos, y el socialismo, renovado de la mano del hábil Felipe González, tocaba ya con la mano el poder.

Las elecciones de la ilusión

Los nuevos comicios, celebrados el 28 de octubre de 1982, dieron a los socialistas el mayor voto de confianza que la nación diera nunca a sus gobernantes. La Transición había concluido. A la UCD se le agradecían sus servicios y se la enviaba de un empujón a los libros de historia. De sus cenizas salía el mapa político de la España actual: un bipartidismo matizado por un comunismo crepuscular y unos partidos nacionalistas con vocación de bisagra. Suárez, que trató de salvarse del naufragio de su partido fundando uno nuevo, el Centro Democrático y Social (CDS), fue barrido por el huracán socialista. Y la herencia de UCD no la recogió él, sino Fraga, cuya Alianza Popular se catapultó al segundo puesto de la cámara.

La izquierda volvía al poder después de casi medio siglo. Pero era una izquierda nueva, que hablaba al obrero, pero también al empresario, al profesional liberal y a las clases medias; que conservaba su discurso igualitarista, pero sabía ya que solo el mercado podía conducir al país a la prosperidad; que miraba hacia la Comunidad Económica Europea (CEE) y Estados Unidos antes que a la Europa oriental. Y esa izquierda sensata lo sería aún más en el poder, embebida ya en la que creía su responsabilidad histórica: el regreso de España a su posición natural en Europa, la plena integración económica y política con los países de su entorno.

El socialismo español se tornó pragmático. Cerró astilleros ruinosos y fábricas sin futuro; vendió empresas inviables; reconvirtió al fin una economía que

Las elecciones anticipadas del 28 de octubre de 1982 dieron un triunfo aplastante al PSOE liderado por Felipe González, que obtuvo más del 48 por ciento de los votos. Pero más allá de los números, la victoria socialista encarnaba, como de algún modo había ocurrido el 14 de abril de 1931 con la proclamación de la II República, la ilusión de una nación que se embarcaba con entusiasmo en un nuevo proyecto de progreso colectivo.

necesitaba una mano firme para salir del marasmo. Hubo despidos, jubilaciones anticipadas y privatizaciones. Y, claro, hubo huelgas, manifestaciones, irritación de unos sindicatos que no entendían el cambio. Fue el ajuste, duro pero necesario, que las urgencias políticas habían retrasado. Luego, saneada la economía, el crecimiento se aceleró. Mediados los ochenta, el empleo dejaba los números rojos, la producción se disparaba y los españoles se zambullían de nuevo en el fervor consumista mientras el país, desperezado, desplegaba una enorme vitalidad en todos los campos.

No era menor la que mostraba el Gobierno. Porque, aunque había sido pragmático, todavía apreciaba cuánto quedaba por hacer en aquella España recién llegada al desarrollo para que el bienestar alcanzara a todos los ciudadanos. El Estado del bienestar pergeñado por Franco extendió su manto protector. La cobertura sanitaria se hizo universal; las pensiones ampararon incluso a quienes no habían cotizado para cobrarlas; el seguro de desempleo amplió el número de sus beneficiarios. La Universidad llenó sus aulas con los hijos de los obreros, como exigían las pancartas de la izquierda, y el control de los centros escolares se entregó a los profesores, los padres y los alumnos. La mayor tolerancia de las conciencias se reflejó en nuevas leyes, como la del aborto, que despenalizó en parte su práctica. Con los socialistas, España se liberaba al fin de sus viejos complejos.

Aunque el terrorismo proseguía su criminal ejecutoria, su impacto sobre la estabilidad institucional se reducía al ritmo de los éxitos policiales. El Ejército, enterrada ya cualquier veleidad golpista, asumía gustoso su papel constitucional, mientras se modernizaba su material y su estructura. El Estado de las autonomías continuaba su despliegue con la aprobación de los estatutos restantes y el traspaso de las competencias transferidas. España recuperaba su posición en el mundo, integrada, ya sin marginaciones, en Occidente, en lo militar, pues el Gobierno socialista no abandonó la OTAN que tanto había denostado, tanto como en lo económico y lo político, pues el país lograba al fin la ansiada incorporación a la CEE, firmada el 12 de junio de 1985. Y la cultura, alimentada por una gran vitalidad, desbordaba la superficial y efímera *movida madrileña* para desplegarse en todos los campos, desde el cine a la literatura, desde la arquitectura al deporte. Los fastos del 92 —la Exposición Universal en Sevilla y los Juegos Olímpicos en Barcelona—, presididos por un socialismo que recogía los frutos plantados tiempo atrás, parecían culminar con un broche dorado los progresos de aquel país renacido que había renovado la mayoría absoluta al PSOE en dos nuevas elecciones, en 1986 y 1989.

Clausura de los XXV Juegos Olímpicos en Barcelona
durante el año 1992.

Pero el socialismo pronto comenzaría a morir de éxito, olvidando que muchos de sus triunfos se habían logrado al precio de sabias rectificaciones que cuestionaban su programa y su ideología misma. Lo amplio de sus mayorías y la penetración creciente de sus Gobiernos en los medios de comunicación, en la cultura, en la justicia y en los ámbitos del poder económico fueron convirtiendo al PSOE en una maquinaria ciega que se aferraba al poder como algo propio, negándose a reconocer que su proyecto estaba ya agotado, que solo en la oposición podría el partido recuperar la vitalidad perdida.

Mientras, consciente de sus limitaciones, era la derecha la que se renovaba. Apeado al fin en 1989 Manuel Fraga del gobierno de un partido al que parecía incapaz de llevar al poder, quedaron sus riendas en manos de José María Aznar, joven presidente de la comunidad autónoma de Castilla y León. Aunque el cambio llegó tarde para dar la victoria a la vieja Alianza Popular, renombrada ahora Partido Popular (PP), en las elecciones de aquel año, los continuos

233

escándalos de corrupción y una nueva crisis económica, que catapultó el desempleo a niveles desconocidos, permitían augurar su victoria en los comicios de 1993. Pero el firme compromiso de los medios de comunicación afines a los socialistas y la desconfianza de la sociedad hacia el verdadero alcance de la renovación de la derecha regaló a Felipe González una victoria mínima, pero suficiente para asegurarle, en alianza con los nacionalistas, una nueva legislatura en el poder.

En los años siguientes hubo pocos cambios. Solo la economía, hábilmente encarrilada por el retorno a políticas de gasto más austeras, entró en la senda de la recuperación. Pero ya entonces una parte de la opinión pública parecía liberarse del complejo heredado del franquismo y votaba al PP, que acumulaba sucesivos triunfos electorales en los comicios municipales, autonómicos y europeos. La salida del poder de los socialistas parecía descontada. Pero una vez más, las urnas abiertas darían a la derecha una amarga sorpresa. Aznar se impuso en las elecciones de 1996, pero lo exiguo de su victoria, apenas quince escaños, colocaba a su partido ante la necesidad de pactar con los nacionalistas que tanto había denostado. El acuerdo se alcanzó y el PP, como quince años antes hiciera el PSOE, pronto dio muestras de que la derecha era tan poco temible como la izquierda. Si los socialistas no habían nacionalizado empresas ni perseguido a la Iglesia, los populares no redujeron las pensiones ni pusieron en peligro el Estado del bienestar. Y su gestión, moderada en lo político y muy eficaz en lo económico, fue premiada cuatro años después con una nueva victoria, ahora por mayoría absoluta. Pero como antes el PSOE, el PP cambió cuando entrevió la posibilidad de perpetuarse en el poder. Al Aznar temperado, de inesperadas cualidades para el diálogo, sucedió un Aznar prepotente y más preocupado por

José María Aznar, al entrever la posibilidad de perpetuarse en el poder como presidente, cambió. Al Aznar temperado, de inesperadas cualidades para el diálogo, sucedió un Aznar prepotente y más preocupado por los asuntos internacionales que por los domésticos.

235

LUIS E. ÍÑIGO FERNÁNDEZ

los asuntos internacionales que por los domésticos. Los éxitos económicos, impulsados por una afortunada combinación de acertadas medidas liberalizadoras con una coyuntura mundial favorable, continuaron. El desempleo se redujo a tasas desconocidas desde los años setenta; el crecimiento del PIB se aceleró, y una España que ganaba terreno en la carrera por equiparar su bienestar con los europeos logró incorporarse en el pelotón de cabeza a la moneda única de la CEE, ahora denominada Unión Europea (UE). Pero el exceso de confianza traicionó al presidente. El erróneo juicio de considerar el éxito económico como garantía del triunfo electoral; la sucesión de gestos arrogantes; el giro excesivo de la política exterior, obviando el recelo hacia los Estados Unidos aún latente de muchos españoles; la despiadada crítica de los poderosos medios proclives a los socialistas... Todo ello, exacerbado por la profunda conmoción sentimental provocada por la masacre perpetrada por el terrorismo islamista en Madrid el 11 de marzo de 2004, que costó la vida a cerca de doscientas personas tan solo tres días antes de las elecciones, muy mal manejada por un Gobierno paralizado por la sorpresa, condujo a los populares a una derrota inesperada y dolorosa que abrió de nuevo las puertas del poder a los socialistas, pero, de rondón, se las abrió también a unos nacionalistas ahora más exigentes y dispuestos sin ningún escrúpulo a vender muy caros sus votos.

ENCARANDO EL FUTURO

En tres décadas, España había culminado su modernización. Había alcanzado al fin las cotas de bienestar que correspondían a una nación de su entorno. Su democracia se había consolidado. Volvía a contar en el mundo y se había integrado como miembro de

El atentado perpetrado por el terrorismo islamista en Madrid
el 11 de marzo de 2004 costó la vida a cerca
de doscientas personas.

pleno derecho en el proyecto común de los europeos. Y, sin embargo, no todo era *haber* en este balance histórico; el capítulo del *debe* era también importante. Algunos problemas de la sociedad española en nada diferían de los que arrostraban los demás países del Occidente. Pero otros eran distintos y mucho más graves.

Si se entiende que su objetivo no era otro que conducir a España de la dictadura a la democracia, la Transición tuvo éxito. Pero no lo tuvo en absoluto si se juzga que perseguía también la culminación del proyecto nacional, lograda solo a medias en el siglo XIX, integrando en él a los nacionalismos periféricos. España es una de las naciones más antiguas de Europa. Desde tiempos remotos, se entregó con decisión a un proyecto colectivo. Abrazó la fe católica y halló en ella su seña de identidad, sin imposiciones, en la tolerancia y el respeto a otras creencias; construyó su unidad política y halló la forma de seguir fiel a la misión que creía poseer llevando el cristianismo más allá del océano y creando allí un mundo nuevo a la vez que se hacía una con él. Pero, mientras, el proyecto original se pervirtió. Primero porque confundió amor al cristianismo con desprecio al judío y el musulmán, y quiso imponer a Cristo a golpe de espada, lo que sembró una profunda desconfianza entre los mismos españoles. Y después porque el azar histórico cargó a España con el lastre de un imperio ajeno, que se vio forzada a defender como propio, dejándose en ello todas sus energías.

El resultado fue una España agotada, repudiada y despreciada por media Europa, y dubitativa acerca de su propio ser y su encaje en aquel continente que ya no entendía. Mientras Estados antes por detrás de ella en el proceso de construcción nacional, como Francia, daban pasos de gigante por el camino de la cohesión, nuestro país quedaba rezagado. Allí donde Richelieu y

Mazarino tenían éxito, Olivares fracasaba, y la nación entera parecía sumida en el marasmo, congelada por la parálisis.

El siglo XVIII trajo de la mano de la nueva dinastía un decidido programa de renovación del proyecto nacional. España podía seguir siendo cristiana, pero no debía hacer ya de su fe su esencia misma. Su objetivo no debía ser otro que la doble reconciliación, con Europa y con la modernidad, y, a la vez, la culminación de su unidad. Las Españas debían hacerse España, no desde la negación de la diferencia, sino de su integración en el proyecto compartido. La energía de los ilustrados parecía inagotable. Pero frente al nuevo proyecto se levantaron pronto las voces de quienes se negaban a los cambios, no para defender la pluralidad, como pretendían, sino para preservar el interés de las viejas oligarquías que se amparaban tras los fueros regionales. No ofrecían un proyecto alternativo, pues los proyectos han de mirar al futuro, y cuanto ellos ofrecían venía a ser volver al pasado. Pero su fuerza era enorme. Los ilustrados solo arañaron la superficie de aquel país inerte y, víctimas de sus propias contradicciones, tiraron la toalla y dedicaron sus energías a perseguir metas menos ambiciosas. España creció, recuperó parte del esplendor perdido y volvió a sonar en el concierto de las grandes potencias.

Pero la inercia seguía allí. Sin las reformas adecuadas, la economía fue incapaz de soportar la enorme presión de la guerra. La era de las revoluciones colocó a España frente a la evidencia de su atraso. Solo una transformación profunda de las estructuras sociales, la abolición de los privilegios y una decidida inyección de libertad darían a España, en nada distinta en ello del resto de Europa, la vitalidad necesaria para seguir avanzando al ritmo de los tiempos. La invasión francesa, apenas comenzado el nuevo siglo, dio a quienes así pensaban la oportunidad de poner en marcha sus ideas. Los liberales, una exigua minoría, modelaron las instituciones a su imagen; quisieron ver en el levantamiento contra Napoleón la prueba de la existencia de la nación cuya soberanía proclamaban, y se dispusieron a conducirla hacia el futuro. Pero se engañaban. Los españoles se levantaban por su rey y por su fe antes que por su nación. Y cuando el monarca regresó no se extrañaron de que retornase con él el absolutismo.

Llegarían después mejores tiempos. Muerto Fernando VII, los liberales, tratando de culminar el proyecto iniciado un siglo antes por los Borbones, acuñarían al fin un Estado nacional. Pero aquella España a la francesa nunca completaría su desarrollo. Nacida en el fragor de la guerra contra el carlismo heredero de los reaccionarios de la centuria anterior, hipotecada por el peaje pagado a los generales que habían de ganarla, deslegitimada por un parlamentarismo hipócrita, vendida a los caciques carentes de espíritu de servicio a la colectividad, debilitada por las vacilaciones de los políticos que no atendieron lo bastante a las escuelas y a los ferrocarriles, a los símbolos patrios y a la instrucción de los reclutas, sin enemigos exteriores que templaran al fuego de la guerra la conciencia nacional, saldría del XIX sin concluir su gestación. Y la última de sus humillaciones, el *Desastre del 98,* despertaría frente a aquella nación frágil nuevas naciones soñadas por las burguesías periféricas, desencantadas con el proyecto común.

La esencia de estos proyectos era evidente. En ellos latía la misma condición reaccionaria que había alimentado a los filósofos rancios del XVIII, enemigos furibundos de la Ilustración y el progreso, y a los carlistas del XIX; idéntica apelación a lo telúrico, a lo irracional, opuesta a la nación de ciudadanos pergeñada por los ilustrados y construida solo a medias por los liberales, pero moderna en su proyección hacia el futuro. Y, sin embargo, el nacionalismo catalán, luego el vasco, logran disfrazar esa esencia, y mientras el nacionalismo español fracasado recobra energías y se entrega a una intensa, aunque tardía, política nacionalizadora, comenzado ya el siglo xx, las tornas se cambian. Como reacción frente a la periferia, ha brotado ahora de la misma planta reaccionaria un españolismo nuevo, tan irracional, tan antimoderno como lo eran sus competidores, que aparecen frente a él, remozados por el barniz de la modernidad, como seductoras promesas de un futuro alternativo. No ha muerto el proyecto liberal; es más, aunque despacio, y forzado, empieza ahora a renovarse. Algunos, aunque pocos, políticos clarividentes comprenden que la represión llegaría tarde, que la asimilación completa de los nacionalismos periféricos no es ya posible, y aceptan hacer concesiones; abren la puerta al reconocimiento de la pluralidad.

El proceso culmina en la Segunda República. Sus líderes tienden la mano a los nacionalistas; les ofrecen asumir la diferencia y abandonar el centralismo; les piden a cambio la integración en el proyecto colectivo, la lealtad a esa España nueva en la que se les reserva un sitio. Pero el proceso se interrumpe sin haber probado su viabilidad. El acuerdo es parcial, excluye a demasiados: los españolistas más cerriles, los nacionalistas vascos. No está clara la lealtad que sienten hacia él los mismos catalanes. Provoca incluso fisuras entre los propios republicanos. La guerra civil lo deja todo en suspenso. Una vez más se enfrentan los dos proyectos de nación: el de los ilustrados y los liberales, evolucionado ahora en un sentido plural y democrático, y el de la España católica, centralista y uniforme. Es este el que triunfa. Durante cuatro décadas, trata de imponerse por la fuerza, de extinguir por la violencia cualquier atisbo de pluralidad, política y cultural. Pero no tiene éxito. No puede tenerlo, porque, a pesar de lo asfixiante de la política nacionalizadora, no es posible construir ya una nación por medio de la negación, el exilio interior y la exclusión de los discordantes.

En consecuencia, el franquismo debilitó la viabilidad del proyecto nacional español, no solo del suyo, que nunca fue viable, sino del otro, el que vino a interrumpir violentamente. Después de Franco, muchos españoles, sobre todo entre los que se identificaban con la izquierda política, despreciaron esa España que para ellos había llegado a convertirse en sinónimo del régimen que tanto odiaban. En teoría, el retorno de la democracia ofrecía al país la oportunidad de retomar las cosas donde se habían quedado en 1936. La Constitución de 1978 conciliaba, como la de 1931, la unidad superior de la nación española con el reconocimiento de su pluralidad cultural. Una autonomía regional más generosa volvía a ser la herramienta del consenso, que permitiría la integración de los nacionalismos en el proyecto común. Y ahora, desaparecido ya el españolismo reaccionario, las cosas debían ser mucho más fáciles.

Pero no lo fueron. Los nacionalistas pactaron en falso, reservándose el derecho de revisar una y otra vez la estructura del Estado, buscando siempre, aun a costa de su viabilidad, mayores cotas de autogobierno. Y allí donde tuvieron en sus manos la educación y la cultura, no dudaron en valerse de ellas para adoctrinar a las masas, tratando de disolver poco a poco los lazos de pertenencia a la nación común. El problema sigue, pues, pendiente de solución. Y, sin embargo, la viabilidad de España como Estado exige que seamos capaces de darle una respuesta duradera, pues ningún Estado puede sobrevivir enfrentado a un cuestionamiento continuo de su organización política. Sería una lástima que no lo lográsemos. No solo porque desaparecería así uno de los Estados-nación más antiguos de Occidente, sino porque una comunidad humana, otra más, habría exhibido ante el mundo su incapacidad para darse a sí misma un futuro de respeto y convivencia. Tres milenios de Historia, en todo caso, constituyen una herencia demasiado valiosa. No deberíamos dilapidarla.

Glosario

Africanistas. Militares españoles del primer tercio del siglo XX que se habían formado en la guerra de África frente a las tribus rifeñas. Constituían un grupo definido por su mejor preparación, los ascensos por méritos de guerra y el desprecio que sentían hacia los políticos y sus mismos compañeros que permanecían en España, de mentalidad burocrática y sedentaria.

Antiguo Régimen. Nombre que los historiadores burgueses dieron a los últimos siglos de la Edad Moderna. Se identifica con la economía agraria, la sociedad estamental, el régimen señorial y la monarquía absoluta.

Autarquía. Política económica en la que el Estado interviene fuertemente en la economía mediante normas, organismos reguladores y empresas públicas con el fin de reducir al mínimo la dependencia del exterior. El mejor ejemplo histórico de autarquía es la Alemania de Hitler, aunque también caracterizó la política económica de Estados comunistas como Albania o Corea del Norte (o la del régimen franquista en sus inicios).

Concordato. Acuerdo entre la Santa Sede y un Estado soberano en el que se determinan los derechos y obligaciones de ambas partes. Los concordatos más importantes en la historia de España fueron los de 1753, 1851 y 1953.

Crisis de 1929. Depresión económica de alcance mundial iniciada en Estados Unidos con el hundimiento de la Bolsa de Nueva York en octubre de 1929. Su gravedad se debió a la combinación de un excesivo endeudamiento de la economía estadounidense con la dependencia total respecto a ella del resto del mundo desde el término de la primera guerra mundial (1918).

Desamortización. En general, proceso por el cual se convierten en bienes libres las propiedades sometidas al régimen de *manos muertas* (ver más abajo). En la práctica, el Estado se apropió de las tierras de la Iglesia y las puso en venta junto a los bienes comunales y de los municipios. El objetivo era modernizar la agricultura, crear una clase media campesina de simpatías liberales y reducir la deuda pública.

Diezmo. Impuesto eclesiástico equivalente a la décima parte de los ingresos que se destinaba al mantenimiento del clero. En España aparece por vez primera en León hacia el siglo X para extenderse luego a los demás reinos. Fue abolido definitivamente por Mendizábal en 1837.

Estalinismo. Régimen político de Josef Stalin, líder de la Unión Soviética entre 1928 y 1953. Se caracterizó por el totalitarismo, el culto al líder, la represión extremadamente violenta de la disidencia, una rígida planificación económica y un fuerte desarrollo de la industria pesada que no supuso mejora alguna en el nivel de vida de la población.

ETA. Siglas de *Euzkadi ta Azkatasuna* («País Vasco y Libertad»), organización terrorista separatista fundada en 1959 con el objetivo de impulsar la lucha armada y revolucionaria por la independencia del País Vasco.

GRAPO. Siglas de los Grupos de Resistencia Antifascista Primero de Octubre, organización terrorista de filiación comunista que tomó su nombre del primer atentado que reivindicó: el asesinato en Madrid de cuatro policías el 1 de octubre de 1975.

Guerra Fría. En sentido amplio, tensión entre Estados que no llega a estallar en forma de guerra abierta. También se denomina así al enfrentamiento entre los bloques dirigidos respectivamente por Estados Unidos y la Unión Soviética entre 1947 y 1990.

Guerrilla. Vocablo español que alude a la táctica de combate en pequeñas partidas armadas que sabotean instalaciones, asaltan columnas de aprovisionamiento e incluso se enfrentan a contingentes reducidos de soldados regulares.

Insurrección cantonalista. Movimiento político y social iniciado en Cartagena en 1873 que propugnaba una república federal construida desde abajo con tintes sociales revolucionarios aunque poco definidos. Extendida a más de veinte ciudades, fue reprimida por el ejército, pero colaboró en gran medida al fracaso de la Primera República.

La Gloriosa. Nombre que se dio a la Revolución de septiembre de 1868, por la que una coalición de generales y políticos unionistas, progresistas y demócratas derrocó a Isabel II y dio comienzo al llamado Sexenio Democrático.

LOAPA. Siglas de la ley orgánica de Armonización del Proceso Autonómico, aprobada en 1982, que permitió regular la aprobación de la mayor parte de los estatutos de autonomía. Aunque el Tribunal Constitucional declaró anticonstitucional parte de su título primero, dejó vigente lo sustancial de su articulado.

Manifiesto de Manzanares. Proclama firmada por el general O'Donnell el 7 de julio de 1854, tras el fracaso del pronunciamiento militar iniciado en el pueblo madrileño de Vicálvaro, con el fin de ganar para su causa el apoyo de los progresistas. Su éxito dio inicio al denominado Bienio Progresista.

Manos muertas. En España, propiedades no enajenables, en su mayoría tierras, en especial las de la Iglesia y de las órdenes religiosas. Las autoridades eclesiásticas que tratasen de vender propiedades sometidas a este régimen jurídico podían ser suspendidas *a divinis* e incluso sufrir la excomunión. Además, el que las hubiese adquirido las perdía y solo podía reclamar ante los tribunales contra la persona que se las había vendido, nunca contra la Iglesia como institución.

Manufacturas reales. Fábricas de productos de lujo fundadas por el Estado con el concurso de especialistas extranjeros que enseñaban a los trabajadores las nuevas técnicas de producción. Su objetivo era disminuir las importaciones e incluso aumentar las exportaciones, pero no resultaron rentables debido al excesivo control burocrático que padecían y a la escasa eficacia de su producción.

Matiners. Nombre recibido por los campesinos catalanes partidarios del pretendiente Carlos Luis de Borbón, cuya sublevación en 1846 dio inicio a la segunda guerra carlista. Tras ella estuvo tanto el descontento popular en las regiones más atrasadas de Cataluña como el matrimonio de Isabel II con Francisco de Asís, en lugar de Carlos Luis.

Navíos de registro. Sistema implantado en 1735 en sustitución del tradicional de flotas, por el cual los particulares podían cargar sus mercancías en barcos autorizados que partían libremente hacia las Indias una vez registrado en Cádiz su cargamento.

Opus Dei. Organización católica con rango de prelatura personal fundada por el sacerdote y santo español Josemaría Escrivá de Balaguer en 1928. Rígidamente conservadora en lo ético y doctrinal, se orienta a la santificación de sus miembros mediante el trabajo.

Realengo. Término opuesto a señorío que designa el territorio sometido a la autoridad directa del monarca, sin intermediación de un señor laico o eclesiástico. Aunque el vocablo apareció originalmente en la Castilla medieval, durante el Antiguo

Régimen terminó por aplicarse a todos los reinos de la Monarquía hispánica. El concepto solo pierde virtualidad con la supresión de los señoríos y la implantación de la unidad jurisdiccional por parte del Estado liberal.

Regeneracionismo. Movimiento intelectual y político nacido a caballo entre los siglos XIX y XX, cuya principal seña de identidad es la reflexión acerca de las causas del retraso de la sociedad española en relación con los países más avanzados de Occidente. Bastante pesimista en sus conclusiones, comparte muchas de ellas con los miembros de la llamada Generación del 98, si bien las reflexiones de los regeneracionistas suelen estar más documentadas y ser más objetivas que las de aquellos.

Revoluciones de 1848. Violentas sublevaciones populares de inspiración democrática y nacionalista que, partiendo de Francia, se extendieron a Italia, Austria y Alemania.

Santa Alianza. Pacto firmado en septiembre de 1815 por los soberanos de Austria, Prusia y Rusia. Convertido luego en Cuádruple Alianza a iniciativa inglesa, Francia se adhirió en 1818. Buscaba preservar el orden social tradicional y el equilibrio internacional alcanzado tras la derrota de Napoleón por medio de la celebración de congresos y la intervención militar en los países díscolos.

Bibliografía

AMALRIC, J. P. y DOMERGUE, L.: *La España de la Ilustración (1700-1833)*, Barcelona: Crítica, 2001.

BARRIO ALONSO, A.: *La modernización de España (1917-1939). Política y Sociedad,* Madrid: Síntesis, 2004.

CARR, R.: *España: 1808-1975*, Barcelona: Ariel, 1990.

---. *España, de la Restauración a la democracia (1875-1980)*, Barcelona: Ariel, 1998.

CARRERAS, A. y TAFFUNELL, X.: *Historia económica de la España contemporánea*, Barcelona: Crítica, 2003.

CASANOVA, J.: *República y Guerra Civil*, Barcelona: Crítica/Marcial Pons, 2008.

DI FEBO, G y JULIÁ, S.: *El Franquismo*, Barcelona: Paidós, 2005.

DOMÍNGUEZ ORTIZ, A.: *Sociedad y Estado en el siglo XVIII español*, Barcelona: Ariel, 1988.

FONTANA, J.: *La época del liberalismo*, Madrid: Crítica/Marcial Pons, 2007.

---. *La quiebra de la monarquía absoluta (1814-1820). La crisis del Antiguo Régimen en España*, Barcelona: Ariel, 1971.

FUENTES, J. F.: *El fin del Antiguo Régimen (1808-1868). Política y sociedad,* Madrid: Síntesis, 2007.

FUSI, J. P. Y PALAFOX, J.: *España 1808-1996. El desafío de la modernidad,* Madrid: Espasa-Calpe, 1997.

GONZÁLEZ CALLEJA, E.: *La España de Primo de Rivera. La modernización autoritaria, 1923-1930*, Madrid: Alianza, 2005.

JOVER ZAMORA, J. M.ª: *España en la política internacional. Siglos XVIII-XX*, Madrid: Marcial Pons, 1999.

KAMEN, H.: *Felipe V. El rey que reinó dos veces*, Madrid: Temas de Hoy, 2000.

LYNCH, J.: *La España del siglo XVIII*, Barcelona: Crítica, 2004.

LLOPIS, E. (ed.): *El legado económico del Antiguo Régimen en España*, Barcelona: Crítica, 2004.

NADAL, J.: *La población española (siglos XVI a XX)*, Barcelona: Ariel, 1973.

PAN MONTOJO, J. (coord.): *Más se perdió en Cuba. España, 1898 y la crisis de fin de siglo*, Madrid: Alianza Editorial, 2006.

PAREDES ALONSO, J.: *Historia de España Contemporánea*, Barcelona: Ariel, 2004.

RINGROSE, D. R.: *España, 1700-1900: el mito del fracaso*, Madrid: Alianza Editorial, 1996.

SÁNCHEZ MARROYO, F.: *La España del siglo XX. Economía, demografía y sociedad*, Madrid: Istmo, 2003.

SUÁREZ CORTINA, M.: *La España liberal (1868-1917). Política y sociedad*, Madrid: Síntesis, 2006.

UBIETO, A., y otros: *Introducción a la Historia de España*, Barcelona: Teide, 1984.

VARELA SUANZES-CARPEGNA, J.: *Política y Constitución en España (1808-1978)*, Madrid: Centro de Estudios Políticos y Constitucionales, 2007.

YSAS, P.: *Disidencia y subversión: la lucha del régimen franquista por su supervivencia, 1960-1975*, Barcelona: Crítica, 2004.